L'ART DE MENER UN ENTRETIEN DE RECRUTEMENT

Décelez la perle rare !

DU MÊME AUTEUR

Jean-Pierre DOURY

Candidats et chasseurs de tête :
Qui va à la chasse perd sa place (épuisé)

© Les éditions d'organisation, 1994, 1998
ISBN : 2-7081-2084-0

Jean-Pierre DOURY

L'ART DE
MENER UN
ENTRETIEN DE
RECRUTEMENT

Décelez la perle rare !

Deuxième édition

LES ÉDITIONS D'ORGANISATION

SOMMAIRE

ᶜ Les éditions d'organisation

ᶜ Les éditions d'organisation

AVANT-PROPOS

Ce livre commence au moment où vous allez débuter un entretien avec un candidat au poste que vous voulez pourvoir.

Que vous soyez dirigeant d'une entreprise (vous engagez votre nouvelle secrétaire – pardon, collaboratrice – ou votre futur directeur financier) ; que vous soyez directeur commercial dans une PME (vous engagez un vendeur chevronné ou un jeune cadre marketing) ; que vous soyez chargé du recrutement (cadres ou non-cadres) au sein de la DRH d'une grande entreprise ; que vous soyez consultant dans un cabinet de conseil en recrutement ; cette situation d'entretien fait peser sur vos épaules une lourde responsabilité, car vous courez simultanément deux risques : engager un collaborateur inefficace, ou qui causera des désordres, ou qui ne restera pas ; ou bien ne pas engager celui qui aurait réussi, ce que vous ne saurez jamais.

Voilà bientôt trente ans que je m'entretiens avec des hommes et (hélas plus rarement) des femmes dans le but de conseiller des dirigeants dans leurs choix de recrutement ou leurs décisions de promotion. Combien en ai-je rencontrés ? Je ne sais pas, près de 10 000 sans doute... Et si je conserve vie et santé, j'ai encore dix ans devant moi pour pratiquer ce métier que j'adore.

J'entends ou je lis ici et là que les conseils en recrutement ont des « secrets » ; selon mon humeur, j'en ris ou m'en agace. Nous sommes des artisans ; donc nous avons bien sûr des « recettes », des « tours de main », et notre pratique quotidienne nous a donné du « talent », qui croît au fil des années d'expérience et des erreurs reconnues et corrigées. Mais il n'y a pas de « secret », nous ne sommes ni des magiciens, ni des charlatans : de simples artisans.

Ce sont ces « trucs » de l'artisan que je suis que vous allez lire ici. J'ai l'habitude de les présenter dans les nombreux stages que j'anime depuis vingt ans sur ce sujet ; y participent des consultants en cabinet, des responsables de recrutement en entreprise, des cadres et même des directeurs généraux, soucieux de mieux maîtriser cette situation difficile.

Cette confrontation permanente avec ces stagiaires motivés à s'initier ou se perfectionner dans les techniques de recrutement me montre plusieurs fois par an le décalage entre les attentes de ces opérateurs et la réalité pratique de notre artisanat.

Les attentes peuvent se résumer ainsi : « Je cherche un plan pour conduire mon entretien et une table d'interprétation pour poser les bonnes questions et tirer les conclusions utiles. » Que je suis gêné de répondre qu'il n'y a pas de plan ni de table, et qu'il n'y en aura jamais, car chaque problème (poste à pourvoir) est unique et chaque candidat aussi !

Mais je me souviens bien avoir ressenti le même besoin lors de mon premier recrutement (le responsable du contrôle de gestion pour une verrerie en 1968). Me remémorer notre façon de conduire alors nos entretiens, la rigidité de nos moyens, la naïveté de nos corrélations et la minceur de nos résultats me fait sourire (avec attendrissement). Que de progrès accomplis, et il en reste à accomplir !

Cet opuscule n'est pas une somme ni un cours. On n'y trouvera aucune expression technique appartenant au vocabulaire de la psychologie analytique, de l'analyse transactionnelle ou de la programmation neurolinguistique ; ces mots-là n'apparaîtront même nulle part ailleurs que dans cet avant-propos.

Ce livre est en vérité un recueil de *conseils* ; je vous parle, cher lecteur, presque toujours à l'impératif (ne faites pas ceci, faites cela), comme je le fais aux jeunes consultants de mon équipe ou à mes stagiaires, pour vous éviter des maladresses, des catastrophes... ou plus prosaïquement des pertes de temps.

Ces conseils pratiques, j'ai tenté de les illustrer par des exemples concrets ; il m'arrive souvent de citer des entreprises fameuses, des dirigeants connus et des villes modestes ; qu'on n'y voie aucune malice de ma part, tous mes exemples sont déguisés.

Sans vouloir entrer dans des théories complexes, j'ai essayé de justifier tous mes conseils par une explication simple des mécanismes de la personnalité ; car si nous n'avons pas à faire de la psychologie de midinette, nous nous devons néanmoins de comprendre ce que nous faisons et de refuser les pratiques magiques.

Notre artisanat ressemble aux autres, la menuiserie, la peinture ou la plomberie : on peut être *professionnel*, c'est-à-dire gagner sa vie à ne faire que cela et s'armer donc d'un outillage complet et spécialisé ; on peut être *amateur éclairé*, s'acheter quelques outils, lire quelques ouvrages, réaliser des travaux convenables (en prenant son temps) et connaître ses limites pour savoir appeler le professionnel quand il le faut ; on peut enfin ne rien vouloir faire soi-même, encore faut-il être suffisamment informé pour pouvoir évaluer la qualité des travaux ! J'espère que chacun trouvera ici ce qui correspond à ses ambitions.

Un mot pour terminer cet avant-propos : mon éditeur (qui joint la sympathie à la compétence) attire mon attention sur les familiarités que je prends avec l'orthographe, lorsque je cite des idées toutes faites ou des expressions étrangères ; il a raison, je ne devrais pas.

En vérité, je suis aussi amoureux de ma langue maternelle que de mon métier ; je parle de ce dernier avec vivacité, pour ne pas dire passion, en tout cas avec plaisir et dans la bonne humeur.

Et joyeux n'est pas du tout le contraire de sérieux.

INTRODUCTION GÉNÉRALE

Pronostiquer un comportement professionnel

Je suis convaincu que la véritable aide à la décision en matière de recrutement réside dans la description du comportement professionnel actuel et prévisible du candidat ; cette description s'exprime par des phrases comme :

« Il réfléchit longtemps pour s'assurer qu'il ne court aucun risque majeur ; mais quand il a décidé, il passe aussitôt à l'action, qu'il mène jusqu'au bout avec méthode, vigueur et persévérance » ; ou bien :

« S'il communique bien avec son chef, lui fait part de ses idées, lui demande son avis, lui rend compte de ses actions, il n'agit hélas pas de même avec ses collaborateurs ; il a du mal à donner des consignes claires, sans remonter au péché originel et se perdre dans des explications confuses, il lui est pénible de contrôler et tout à fait impossible de rouspéter ».

A l'inverse, les analyses ésotériques formulées dans un langage étranger à celui de l'entreprise, ou encore des tableaux ou graphiques rendant compte de points forts et faibles sont bien délicats à interpréter en termes d'efficacité professionnelle.

Ces pronostics de comportement, dans des situations professionnelles quotidiennes comme dans des cas de crise, viennent s'ajouter au savoir-faire proprement technique du candidat, tant pour décider lequel choisir pour un objectif donné que pour guider son futur chef dans l'art et la manière de le diriger. Je prétends même que ces pronostics sont plus importants que la description du savoir-faire technique, car l'expérience prouve que les hommes sont plus accessibles à la formation (considérée comme acquisition de compétences nouvelles) qu'à la modification de leur comportement (même lorsqu'ils sont conscients qu'ils gagneraient à le faire).

ᶜ Les éditions d'organisation

Or nous n'avons jamais travaillé ni vécu avec ce candidat ; nous ne l'avons même jamais observé en train de travailler ; et s'il s'agit d'un débutant, nous savons bien qu'un abîme sépare sa vie d'étudiant (même émaillée de stages en entreprises) de la vie professionnelle.

Les voies d'accès à la prévision du comportement professionnel sont relativement nombreuses ; parmi les plus couramment pratiquées, citons les tests psychologiques, l'analyse graphologique, l'observation d'un groupe en situation dynamique, les renseignements pris auprès des anciens employeurs et bien entendu l'entretien individuel qui fait notre objet ici.

En vérité, à l'exception des renseignements pris auprès des anciens employeurs (qui s'expriment directement en termes de *comportement* : il est rapide, il est brouillon, il parle plus qu'il ne travaille...), les autres procédés que je viens d'énumérer ne constituent pas un accès *direct* au comportement professionnel.

C'est notamment le cas de l'entretien individuel : cet entretien n'est pas une *situation professionnelle* ; au mieux y parlons-nous de travail, ce qui n'est pas du tout la même chose que de le faire. Pourtant, l'entretien va nous permettre d'approcher la *personnalité* de notre interlocuteur.

Ne confondons pas « comportement » et « personnalité » même si la seconde nous est indispensable pour parvenir au premier et nous sert à l'expliquer ou à l'illustrer.

Traits de personnalité

Alors que notre comportement s'exprime par des *actions*, notre personnalité se décrit par des *caractéristiques statiques* quasi permanentes (comme nos caractéristiques physiques : taille, poids, etc., par opposition à nos performances sportives, par exemple).

Nous pouvons (la simplification se justifie pour notre usage) ramener la *personnalité* à trois centres, désignés dans notre langage non technique de non-psychologues par :

— la *tête*, siège de nos facultés intellectuelles (l'analyse, la mémoire, la créativité...) ;

— le *cœur*, siège de nos facultés affectives et sociales (l'amitié, la loyauté, le sens du service...) ;

— les *tripes*, siège de nos facultés vitales (l'ambition, l'agressivité, l'audace...).

Cette distinction est mnémotechniquement commode, parce qu'elle correspond à notre langage familier ; je m'empresse de vous dire qu'elle n'a aucun fondement anatomique ! Quant à notre langage familier, il évolue au fil des époques : quand don Diègue outragé demande à son fils « Rodrigue, as-tu du cœur ? », il s'informe sur son *courage* et non sur son affectivité ; trois siècles plus tard, il lui demanderait s'il a des tripes, ou peut-être même un autre organe, que je ne nommerai pas, par respect pour les dames.

Et cette personnalité en trois centres s'est bâtie au fil des années ; au moment où nous faisons connaissance avec notre candidat, elle est le résultat d'un amalgame complexe qui comprend :

– sa *nature innée*, elle-même superposition des grandes constantes de l'espèce zoologique à laquelle nous appartenons et des caractéristiques particulières héritées de nos parents ;

– l'*éducation reçue* de nos parents, de nos premiers maîtres et directeurs de conscience, de nos premiers chefs, qui façonne notre nature innée ;

Figure 1 : **Figuration imagée de la structure de la personnalité**

La localisation (tête, cœur, tripes) de nos caractéristiques de personnalité (à gauche) n'a aucune valeur anatomique ; mais elle est bien commode.

A partir d'un noyau de caractéristiques héritées (à droite), notre éducation nous a enrichis de comportements appris ; tout cela est encadré par les règles auxquelles nous adhérons, nous soumettons de plus ou moins bonne grâce ou contre lesquelles nous nous rebellons.

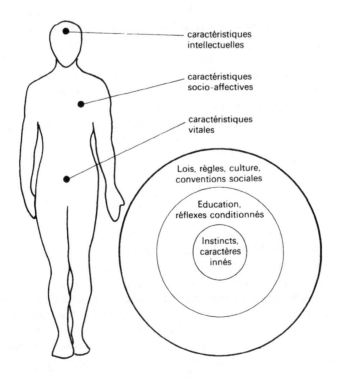

— les *règles sociales*, comme les lois de la nation mais aussi la culture dominante du milieu dans lequel nous vivons, qui encadrent et canalisent les composantes précédentes.

Il est clair que cette « construction » est lente et qu'elle peut donner lieu à des désordres, à des conflits, voire à des catastrophes pathologiques, en cas de discontinuité brutale entre deux de ces trois couches. Mais là n'est pas notre propos, puisque nous ne sommes pas médecins mais responsables d'un recrutement.

Je pense que la distinction entre *traits de personnalité* (caractéristiques *statiques*) et *comportement* (caractéristiques *dynamiques*) est maintenant claire, et que nous comprenons pourquoi il nous est nécessaire de découvrir les premiers avant de tenter de prévoir les seconds, les seuls vraiment utiles pour notre prise de décision.

Comment, maintenant, l'entretien individuel permet-il de percevoir les traits de personnalité ? C'est uniquement parce que nous appartenons à une espèce hautement communicante.

Communication

Communiquer, c'est échanger des informations.

Ces informations peuvent être *factuelles, informatives* (je suis né en 1939) ou *opérationnelles* (rendez-vous ici à 16 h) ou *affectives* (tu m'énerves).

Le mécanisme de la communication est une affaire délicate et compliquée. Voici deux individus baptisés respectivement *émetteur* et *récepteur*. L'*émetteur* souhaite communiquer sa pensée au *récepteur* ; mais qu'est-ce qu'une pensée ?

Imaginons que l'émetteur veuille communiquer l'image qu'il a en tête d'un petit mammifère domestique félin, reconnaissable à son miaulement ; je ne saurais dire que c'est un *chat*, car si j'ouvre la boîte crânienne de cet émetteur, je ne trouverai aucune trace du minet en question ; si le chat est un *objet*, l'idée que l'émetteur en a est un *concept*, induit par d'étranges échanges chimico-électriques dans son cerveau.

Hélas, nous ne disposons d'aucun *canal de transmission* entre les cerveaux de l'émetteur et du récepteur susceptible de véhiculer directement l'état chimico-électrique en question pour faire surgir dans la pensée du récepteur le concept d'un chat.

En revanche, nous disposons d'un *canal de transmission acoustique* constitué d'un *organe d'émission vocal*, capable de mettre l'air en mouvement périodique avec un bon contrôle des fréquences, vitesses et pressions, et d'un *organe de réception auditif*, capable d'analyser les fréquences, vitesses et pressions de l'air en mouvement périodique.

Figure 2 : **Schéma d'une communication simple**

L'émetteur souhaite communiquer au récepteur l'idée (le *concept*) qu'il a en tête ; il cherche dans sa mémoire le *mot* le mieux approprié, auquel est associé – par l'apprentissage de la langue – une *combinaison de sons* qui l'identifie ; ce qui met en jeu des actions motrices (sur les poumons, le larynx, la bouche) pour l'émission d'une onde acoustique.

Cette dernière, plus ou moins bien transmise, excite le tympan du récepteur, qui identifie ainsi les *sons* élémentaires et la *combinaison* choisie, reconnaît donc le *mot* auquel il associe le *concept*.

A chaque opération (codage, décodage, transmission), des distorsions et des parasites peuvent intervenir, qui compromettent la fidélité de communication.

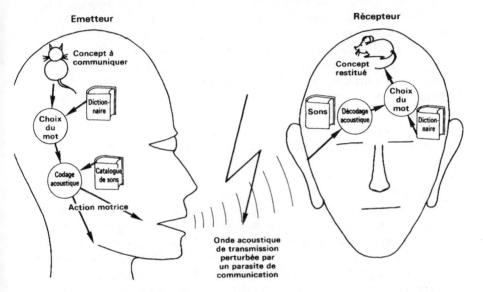

Cela dit, pour opérer la jonction entre le concept dans la pensée de l'émetteur et son organe vocal d'une part ; entre l'appareil auditif du récepteur et le concept à reconstituer dans sa tête d'autre part, nous avons besoin, comme on dit, d'un *interface*.

Nos deux compères ayant subi dans leur âge tendre l'apprentissage de leur idiome commun, ont à leur disposition des *codes* ; l'émetteur souffle dans ses dents puis ouvre largement la bouche : c'est le code acoustique associé au concept *chat*, l'air est mis en mouvement selon ce code, et l'onde acoustique va heurter le tympan du récepteur et y être analysée, de façon que le cerveau du récepteur décode et restitue le concept.

En vérité, ce n'est pas sûr : si le tonnerre a retenti au même moment (parasite de transmission), le tympan du récepteur n'a pu être sensible aux variations nettement plus modestes de pression et de vitesse voulues par l'émetteur ; même en cas de transmission parfaite, un même code peut correspondre à plusieurs concepts et, dans notre cas, en l'absence de contexte salvateur, le récepteur a pu décoder « trou d'aiguille » au lieu de « matou » ; ce qui se complique avec des codes acoustiquement proches les uns des autres (char, châle, chape), des codes imparfaits (défauts de prononciation), des habitudes culturelles qui confèrent à un code une signification particulière (« je sors » peut vouloir dire pour une adolescente « j'ai un petit ami » ; pour un adulte « j'ai l'habitude d'aller au théâtre » ; pour un retraité « je vais prendre l'air »).

Il y a donc des risques, et deux procédés concurrents vont permettre d'augmenter la fiabilité de la communication : la redondance (qui consiste à donner plus d'informations que vraiment nécessaire) et le contrôle (qui consiste à s'assurer que l'autre a bien compris).

Avant de réussir à communiquer un message aussi précis que « le petit chat gris a bu tout le lait que tu avais mis de côté pour la petite », l'humanité a eu besoin de plusieurs millénaires : mise au point des sons normalisés qui sont les briques des mots, lexique de correspondance des concepts et des mots, technique de construction de la phrase avec toutes les nuances d'expression...

Nous venons d'analyser le fonctionnement d'une communication simple par le canal de transmission acoustique ; nous savons qu'il existe aussi un canal optique, moins pratique, il est vrai, puisqu'au contraire de notre oreille, notre œil n'est pas omnidirectionnel (il voit uniquement dans la direction du regard, alors que l'oreille entend dans toutes les directions). Un système analogue existe pour communiquer par cette voie, mais il a fallu inventer de nouveaux codes : un croquis même simplifié du matou exige trop de talent ; et comment faire le croquis d'un concept abstrait comme la générosité ou la vitesse ? On est passé par des symboles plus faciles à dessiner, ayant à la fois valeur de code écrit de l'objet et valeur de code du son qui représentent l'objet (en égyptien ancien, soleil se prononce RA et s'écrit comme un petit rond, image du soleil en modèle réduit ; ce petit rond codifie aussi le son RA, il est par exemple la première « lettre » du nom du pharaon Ramsès) avant d'arriver aux codes alphabétiques aujourd'hui en vigueur au moins sous nos climats.

Réfléchissez un instant au degré d'abstraction de la graphie CHAT pour coder un son monosyllabique qui code lui-même un concept, image cérébrale d'un objet réel... et revenez aussitôt avec moi si le vertige vous prend !

Ajoutons pour terminer que si nous utilisons (sans y penser vraiment) cet outil aussi sophistiqué qu'est le *langage articulé*, monopole de notre espèce zoologique, dont la faculté est localisée dans le lobe frontal gauche de notre cortex cervical, nous communiquons aussi par le *langage non articulé* comme n'importe quelle autre espèce animale (soupirs, grognements, cris, rires, exclamations...) et encore par d'autres formes dites *non verbales* (postures, gestes, mimiques...) et enfin par des manifestations encore moins contrôlables (suées, rougissements, tremblements, odeurs...).

L'entretien individuel constitue une situation caractéristique de *communication*. Encore faut-il savoir communiquer !

Un plan quand même

Si nous n'avons pas pu parler de plan au sens de **l'ordre dans lequel on amène les sujets de conversation**, il en existe quand même un au sens de **l'articulation des phases** de l'entretien.

La première phase, qui consiste à **créer la situation de communication**, car elle ne s'établit pas de façon naturelle, ne prend que quelques minutes.

La deuxième – 30 à 40 minutes – est la **période de découverte ou d'acquisition** des informations : nous recevons des *signaux* au moyen de nos cinq sens (et si vous en avez un sixième, je vous en félicite : servez-vous en bien !).

Ces signaux nous fournissent des *indices de traits de personnalité*, pour autant que nous ayons su les percevoir et les analyser ; les

Figure 3 : **Méthodologie générale de l'entretien de recrutement**

La communication suscite des *indices* que l'interviewer déclenche par ses *questions ouvertes* ; ces indices se groupent, se corrèlent en faisceaux de *traits de personnalité* déduits par l'interviewer de ses observations.

Il élabore alors des *hypothèses de comportement* qu'il vérifie au moyen de *questions fermées*.

On admet que les deux premiers tiers de l'entretien sont consacrés à l'acquisition des indices ; le troisième tiers aux hypothèses et à leur vérification.

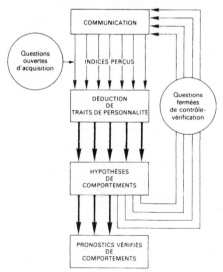

corrélations entre de multiples indices nous permettent de déduire ces traits de personnalité.

C'est en revanche par l'*induction* (et non plus par la déduction) qu'à partir de ces traits de personnalité, nous allons formuler nos *hypothèses de comportement*. Cette **troisième phase** est consacrée à l'**élaboration de vos hypothèses**, qui – comme toute hypothèse – doivent se soumettre à une *vérification expérimentale*.

Et c'est à cette **vérification** que se consacre la **quatrième phase**. Prévoyons un bon quart d'heure pour l'élaboration et la validation des hypothèses.

·Avant de **conclure** l'entretien en quelques minutes, ce qui est la **cinquième et dernière phase**.

Tout cela ressemble bien au travail du savant dans son laboratoire ; ses observations sur un échantillon ou une maquette lui fournissent des indices qu'il classe et critique ; il échafaude une hypothèse de loi, qui lui paraît devoir rendre compte du phénomène observé ; enfin, il soumet sa loi à la vérification expérimentale pour la valider.

Soyons conscients que nous devons procéder avec la même prudence et le même souci méthodologique que lui pour ne pas passer à côté de la vérité.

Méfiez-vous de vos trois ennemis

Ils ne sont pas également redoutables, mais nous devons apprendre à les connaître et donc à les maîtriser.

– *L'environnement*

Il génère des parasites de communication que nous ne percevons plus, tant nous y sommes habitués.

Portons un regard critique sur l'*espace* : comment est disposé notre bureau ? Cette disposition facilite-t-elle ou contraint-elle la communication ? Les deux protagonistes de l'entretien peuvent-ils bien se voir (critiquez votre éclairage), s'entendre, se mouvoir ? Sont-ils assis de façon propice (à l'énervement, à l'endormissement) ?

Pensons au *temps* (comme « taïmizmonet » (1), le temps consacré à l'entretien pèse dans le prix de revient de votre recrutement) : connaissez votre cycle personnel (la durée statistique moyenne durant laquelle votre intérêt pour un candidat reste en éveil), variable selon votre propre tempérament entre 20 et 60 mn ; ne voyez pas à la file six candidats à un même poste, c'est éreintant ! Entrelardez vos rencontres, voyez des candidats d'âge, de formation, d'expérience différents, cela maintient l'intérêt en éveil.

_____

(1) Je suis incorrigible, j'ai encore écrit *time is money* d'une façon invraisemblable.

ɪꜩ Les éditions d'organisation

Maîtrisons les *parasites* intempestifs : ne vous laissez pas interrompre par le téléphone trop souvent (rappelez entre deux entretiens, cela délasse en changeant les idées !) ; songez aux bruits de la rue, du bureau voisin, etc., qui ne sont familiers qu'à vous, pas au visiteur...

– *Le candidat*

Si le vrai simulateur reste rare (celui qui ment sur son diplôme, sur son employeur, etc.), tout candidat cherche – et c'est bien naturel – à se « dorer le portrait », à arrondir sa rémunération, à transformer son titre de « responsable » en celui de « directeur », à s'attribuer des réussites là où il n'a fait que suivre les événements... N'en soyons pas dupes ! Ne soyons pas dupes non plus du trop modeste candidat, celui qui fait vraiment les choses, mais n'aime pas trop en parler !

La situation d'entretien est génératrice de stress ; qu'il se matérialise par du mutisme ou au contraire par un déluge de paroles, par un excès de réserve ou d'affirmation de soi, ce stress nous masque la vraie personnalité du candidat ; qu'il nous livre de lui une image surévaluée ou sous-estimée, elle est faussée.

– *Nous-mêmes*

Voilà l'ennemi n° 1, car il est de bonne foi, et nous ne pouvons jamais nous observer et donc nous critiquer nous-mêmes : la situation d'entretien est la situation par excellence où nous sommes seuls face à notre devoir. Nous y prenons forcément de mauvaises habitudes, que nul ne peut nous faire remarquer...

Le fait d'être responsable d'un recrutement nous confère d'emblée un *statut* que le candidat perçoit bien ; ce statut génère automatiquement chez le candidat des *comportements parasites* (mutisme, charme, etc.) qui sont autant de masques.

Obnubilé par cette mission difficile, vous pensez à tous vos soucis (rareté des bons candidats, désistement entendu il y a un quart d'heure, râleurs, trop nombreux conseils de Doury), et donc vous n'avez pas l'esprit à cela !

Eh bien, ce n'est pas le moment ! Purgez-vous l'esprit de tous ces tracas et mettez-vous en condition avant d'aller chercher dans l'antichambre votre visiteur ; moi, je me dis textuellement ceci : « J'ai choisi ce métier parce que je suis curieux des gens ; je vais dans un instant faire la connaissance de quelqu'un de nouveau, je vais aller à sa découverte et rien d'autre n'importe pour l'instant. »

Il y a du plaisir à découvrir une personnalité nouvelle ; pensez donc à ce plaisir, pas à la tâche ni au devoir.

Durant l'entretien, le seul objet de votre intérêt, c'est votre visiteur.

Je dis bien *lui-même et non ce qu'il raconte* : ce qu'il raconte n'est que prétexte pour le découvrir lui ! Le piège, c'est de trouver bien un candidat parce que ce qu'il a raconté était intéressant ! A ce titre, nous trouverions courageux tout acteur qui tient le rôle de d'Artagnan !

© Les éditions d'organisation

Questionnaire, interrogatoire, conversation et entretien

Voilà quatre mots qui désignent des situations où deux interlocuteurs se livrent au jeu des questions et réponses ; toutefois, ces quatre situations sont très différentes dans leur esprit comme dans leur pratique.

Le questionnaire peut être écrit, donc préparé ; ce qui entraîne que la énième question est indépendante de la réponse à la (n-1)ème question ; le questionnaire ne permet d'obtenir pour cette raison que des renseignements « administratifs », en aucun cas des révélations « intimes ».

L'interrogatoire implique un statut fort de l'interrogeant par rapport à l'interrogé ; ses méthodes, même soigneusement réglementées par la déontologie judiciaire démocratique, nous sont tout à fait interdites (qui vient de dire « hélas » ?).

La conversation privée, à bâtons rompus, n'implique aucun statut des deux interlocuteurs ; la énième question est forcément en relation directe avec la (n-1)ème réponse ; sa caractéristique principale est d'être vivante, animée, spontanée, confiante, nul ne se tient sur ses gardes. Mais c'est vrai aussi qu'elle est « gratuite », elle n'a pas d'objectif.

Pourtant, elle apporte des résultats. Il vous est déjà arrivé de bavarder de choses et d'autres avec un inconnu, par exemple avec quelqu'un qui était, comme vous, invité à dîner chez des amis (quelle que soit la différence entre vos situations sociales, vous aviez rigoureusement le **même statut** d'invités par les mêmes amis). *A posteriori*, vous avez été capable de formuler trois idées sur la personnalité de cet inconnu (et lui-même en faisait autant à votre égard !). Comme nous le verrons, ce n'était encore que des **hypothèses non validées**, mais il faut retenir cette propriété caractéristique de la conversation naturelle, qu'elle est porteuse d'idées sur la personnalité d'autrui.

L'entretien, enfin, ressemble à une conversation (absence de statut, enchaînement logique des questions et réponses, vivacité...) dans laquelle l'un des deux interlocuteurs veille, avec doigté, à ce que l'on ne s'égare pas. C'est une *conversation* (échange paritaire) *maîtrisée* par l'un des deux interlocuteurs (vous). Car là, il y a un objectif !

Maîtriser la conversation signifie savoir où l'on en est, rester conscient de la nature de la relation, avancer vers la découverte ; mais cela ne signifie pas faire sentir à l'autre qu'il est conduit ou, pire, manipulé.

Nous allons voir que l'une de nos premières difficultés consiste à donner à notre entretien ce *style conversationnel* rythmé, rapide : cela veut dire qu'il ne peut y avoir de plan (puisque ce sont les phrases de l'autre qui déclenchent les vôtres) ; pensons vraiment à une conversation « à bâtons rompus ».

Et notre deuxième difficulté naît au moment précis où nous avons réussi à vaincre la première : emporté par le feu, le rythme, la vivacité, nous en oublions de *maîtriser* le déroulement des opérations ! Et nous nous retrouvons 60 mn plus tard en manque d'informations essentielles ! Parce que nous nous sommes intéressés à ce qu'il dit plus qu'à lui-même.

Je sais que ce que je vous préconise ici (à savoir donner à l'entretien ce ton naturel, impromptu, sans plan préparé) a quelque chose de déconcertant. Depuis deux décennies, les nouveaux me demandent un plan pour conduire leur entretien, et j'ai presque honte de leur répondre qu'il n'en faut surtout pas ! C'est une méthode qu'il nous faut, celle qui a permis à Stanley de retrouver Livingstone.

Stanley a retrouvé Livingstone

Au siècle passé, des hommes s'enfonçaient dans les terres alors inconnues de l'Afrique centrale ; certains y étaient attirés par l'appât du gain, d'autres par l'appel de l'aventure, d'autres encore par le sens de leur mission civilisatrice. Livingstone, pasteur britannique, partit pour « convertir les sauvages à la loi du Christ » ou pour découvrir les sources du Nil... et il se perdit dans la forêt équatoriale.

Le monde entier le tint pour mort, dévoré par quelque cannibale ou bête féroce, jusqu'à ce qu'un journaliste américain (Stanley) parte à sa recherche. Stanley a retrouvé Livingstone – ce fut le *scoop* de l'année – au milieu d'un territoire immense et inexploré, rempli de périls à faire frémir. Son livre – *Comment j'ai retrouvé Livingstone* – a été un best-seller mondial ; il se donnait encore comme prix d'excellence quand j'étais écolier (mes parents ont dû néanmoins me l'acheter).

Une phrase l'a immortalisé ; quand, après bien des aventures et des dangers, Stanley arrive dans un village de huttes au milieu duquel est assis le premier homme blanc qu'il ait vu depuis des mois, il lui dit avec tout le flegme anglo-saxon dont il est capable : « Dr Livingstone, I presume ? »

Quel point commun trouvé-je donc entre l'aventure julesvernienne de Stanley et notre travail en chambre ?

Notre rôle consiste à découvrir la personnalité de l'autre ; elle est encore pour nous une *terra incognita*, nul n'en a dressé la carte des sentiers et des obstacles : *nous ne saurions donc préparer un itinéraire*.

Nous partons en revanche munis d'outils, de méthode, de curiosité, de prudence et de volonté ; empruntons un sentier au hasard (nous disons « une filière »), tous les sens en éveil, à la découverte d'indices permettant de supposer le passage d'un pasteur britannique au milieu de cette forêt équatoriale inexplorée ; conservons mémoire de ces indices, analysons le terrain, traçons-en la carte au fur et à mesure, notons nos bifurcations, l'existence de sentiers encore négligés par nous (ce que nous appelons « gérer l'entretien ») ; critiquons et corrélons les indices recueillis, tentons des essais, reconnaissons nos erreurs en rebroussant chemin, faisons des hypothèses pour prendre des décisions et soumettons-les à l'expérience.

Et lorsque nous pensons avoir découvert enfin Livingstone, assurons-nous (par une question fermée) que nous sommes dans le vrai !

Vous auriez pu commencer votre quête par un autre sentier, passer par des endroits complètement différents, rencontrer d'autres accidents de terrain... **Il n'y a pas deux entretiens identiques, même pour le même poste, même avec le même candidat.**

Ce qui importe, c'est de retrouver Livingstone.

Comme une exploration, l'entretien nous apporte des indices, et nous allons apprendre à reconnaître l'équivalent pour notre propos d'une empreinte de botte dans la boue séchée, d'une boîte de corned-beef abandonnée ou de la direction indiquée par un indigène... Nous devons affûter notre capacité d'observation pour ne pas passer à côté de ces indices.

Mais il serait vain d'imaginer une table de conversion entre les indices perçus et les traits de personnalité ! Un indice isolé ne vaut pas grand-chose ; mille indices se groupent dans notre tête en quelques « faisceaux de présomption ».

Nous sommes encore loin de l'intime conviction...

Autres formes d'entretien

Un entretien est toujours une conversation maîtrisée par l'un des deux acteurs. Mais il en existe de multiples formes selon le but que l'on se propose (le but peut être commercial, pédagogique, clinique, etc.).

Notre but à nous consiste à découvrir les traits de personnalité de l'autre pour prévoir son comportement professionnel : nous n'avons ni à convaincre, ni à enseigner, ni à guérir.

Nous nous limitons donc volontairement aux techniques de l'entretien de recrutement.

Vous allez voir que le contenu théorique est relativement mince (il tient dans ces pages) ; en revanche, soyez conscients que son contenu pratique est important : il exige concentration, agilité mentale, maîtrise de soi.

L'entretien, c'est un peu comme le violon : il faut d'abord en avoir le goût (une curiosité pour les autres), un petit don au départ (l'intuition ?) avant de faire des gammes et des gammes...

Bon courage, les plaisirs qu'on en retire valent bien la peine qu'on se donne !

Chapitre 1

Faire tomber les défenses

Se rendre à un entretien de recrutement n'est pas un acte « normal », comme aller à l'usine ou au bureau ; même pour ceux qui en ont déjà l'expérience (pour ne pas dire l'habitude), cela s'apparente plutôt à une visite chez le dentiste : c'est une épreuve.

Face à une situation nouvelle, sur un terrain inconnu, notre instinct nous commande de nous armer de précautions.

Il est donc tout à fait naturel que notre visiteur monte ses défenses : qu'elles se traduisent par du stress, de l'agressivité, de la réserve, de la complicité, peu importe : elles nous le masquent, il nous faut donc les faire tomber.

Il est évident que tout ce qui peut renforcer le côté officiel et statutaire de cette rencontre (je suis chargé du recrutement, vous êtes le candidat) renforce les défenses de l'autre. Mais toute position inférieure de votre part (je suis un pauvre débutant écrasé devant ce grand monsieur qui gagne beaucoup plus d'argent que moi) aurait, curieusement, le même effet (ce phénomène est connu : il suffit d'avoir peur d'un chien pour qu'il devienne agressif).

N'oubliez pas que, si pour nous le terrain (notre bureau) nous est familier, notre visiteur est encore un inconnu : nous montons donc inconsciemment aussi nos défenses. Qu'il est difficile de communiquer, quand on est tous deux en armure, visière baissée !

En vérité, la seule façon de faire tomber les défenses est d'établir la relation sur le *partenariat* ; elle signifie en clair : je suis cadre d'une entreprise avec un travail à faire ; vous êtes cadre d'une autre entreprise avec un autre travail à faire ; et pour la tâche présente qui nous est commune, nous sommes ensemble.

Incidemment, au cœur de *communication,* reconnaissez la présence de *commun :* communiquer, c'est être en commun, être ensemble...

Nous devons donc prendre quelques précautions pour faire ressentir ce climat, auquel l'autre ne s'attend pas.

L'invitation

Balisons le terrain, pour qu'il apparaisse moins inconnu à notre visiteur : cette préoccupation s'applique bien avant son arrivée.

Si le rendez-vous a été pris par téléphone, confirmons par écrit la date, l'heure, l'adresse, le téléphone, le nom de son interlocuteur : cela évitera des sources de stress. Vous avez déjà saisi que ce document écrit s'appelle une *invitation*, et vous avez banni de votre vocabulaire l'horrible mot de *convocation*.

Si vous avez de plus la chance d'être implantés dans une zone industrielle à la géographie incompréhensible, joignez un plan d'accès avec des points de repère sûrs et des itinéraires conseillés ; indiquez le temps qu'il faut normalement pour arriver à partir des endroits encore connus de tout le monde, avec les moyens d'accès.

Tout visiteur s'attend à ce que votre entretien dure en gros une heure ; si votre procédure est telle qu'il dure plus longtemps (parce qu'il y a plusieurs entretiens à la file, parce que vous faites passer des tests, etc.), c'est le moment de l'en avertir.

Instructions à la réception

La réceptionniste n'a pas à connaître le statut de votre visiteur : est-il candidat, fournisseur, client, que lui importe, du moment qu'il a rendez-vous ? Il est donc un *visiteur*, point final. Pensez à la gêne que pourrait créer chez notre visiteur le fait d'être traité en public de « candidat » devant d'autres visiteurs.

« Candidat », ce n'est pas un métier ; votre visiteur se reconnaît comme ingénieur, chef des ventes, analyste-programmeur ou directeur général. Etre « candidat » est une situation transitoire, vécue comme un mal nécessaire et qu'il a hâte d'oublier. Prenons donc l'habitude – et donnons partout les instructions nécessaires – de dire *visiteur*.

Veillons à ce que le salon d'attente soit confortable, accueillant, pourvu de lecture fraîche.

Veillons surtout à ce que deux visiteurs qui pourraient se reconnaître (parce qu'ils travaillent dans la même entreprise, par exemple) ne risquent pas de se rencontrer, ce qui leur causerait la gêne que vous pouvez imaginer.

Ponctualité

On ne fait pas moisir dans l'antichambre quelqu'un que l'on respecte.

Si votre emploi du temps dérape, prévenez la réceptionniste, qu'elle présente vos excuses à votre visiteur.

Mais si votre retard devait excéder cinq minutes (je sais que cela ne vous arrive jamais, mais au cas où...), allez *personnellement* présenter vos excuses... et faites offrir un café ; à l'exception des magasins de vente, toute entreprise reçoit plus souvent des « candidats » que des clients, c'est toute son image qui est en cause !

Accueillir soi-même

Je ne connais rien de plus condescendant que de faire introduire un visiteur par du personnel domestique, que ce soit un huissier à chaîne, une soubrette à diadème de dentelle amidonnée... ou une secrétaire. Aller chercher soi-même le visiteur dans l'antichambre est de rigueur entre pairs.

Profitez-en pour recueillir au passage toutes ces informations « libres » que vous n'aurez plus l'occasion de saisir : sa position (debout, assise, raide, avachie...), son occupation (observation des lieux, lecture, mots croisés, conversation, somnolence...).

N'oubliez pas de noter le brillant de ses souliers : combien d'hommes, sachant que nul ne regarde leurs pieds, ne se soignent que jusqu'à la taille !

Tendre la main

Même si c'est contraire à la culture de votre entreprise, c'est là le geste d'accueil normal (avec le grand sourire) de notre civilisation ; toute autre forme d'accueil serait donc jugée froide, compassée ou snob.

Le serrement de mains est informatif : est-elle molle, excessivement virile, broyante ou normalement affirmée ; mouillée ou sèche ; tendue en premier, refusée ?

Se présenter

Dire son nom fait aussi partie du rituel d'accueil de notre civilisation (merci de ne pas le faire précéder de « monsieur » ou « mademoi-

* Les éditions d'organisation

selle », seules les « madame » y ont droit) ; l'omettre, c'est créer la confusion, voire la crainte de rencontrer non pas un responsable de recrutement mais son futur patron. Profitez-en donc pour noter au passage si votre visiteur se présente en faisant précéder son nom de « monsieur », c'est là un signe culturel ou une revendication puérile de considération qui ne doit pas vous échapper.

Mettre à l'aise

Procédez donc comme si vous le receviez chez vous à la maison : faites-le passer devant vous (ou alors annoncez : je vous montre le chemin), aidez-le à se débarrasser de son manteau et de son parapluie, faites-le asseoir avant vous.

Marquez le ton de la conversation non impliquante par une phrase sur la météo ou une question sur la facilité de se garer. Mais pas par deux : ça sentirait le « truc » ou bien induirait une pensée du genre : il est encore moins à l'aise que moi, qu'est-ce qu'il attend pour commencer ! Ne nous éternisons pas en préliminaires...

Ne pas annoncer de plan

Je sais que certains prétendent que l'annonce d'un plan rassure, la crainte provenant de l'inconnu.

Mais l'annoncer est pire ; dire, même gentiment : « D'abord nous allons faire ceci, puis nous allons faire cela » signifie en clair : « C'est moi qui suis le maître du jeu » et donc renforce le statut.

C'est vrai que nous devons maîtriser l'entretien ; ce n'est pas une raison pour le faire sentir.

En revanche, rien ne vous empêche d'annoncer l'objectif de votre entretien (nous sommes ensemble pour faire connaissance) ou bien ses limites (si nous décidons de continuer, vous rencontrerez notre directeur du système d'information).

Veiller aux conditions matérielles

S'asseoir de part et d'autre d'un bureau crée la situation statutaire tant redoutée : c'est la position du client qui reçoit un représentant ou celle du directeur qui reçoit un subordonné. Si vous voulez encore renforcer ce statut, trônez donc dans un superbe fauteuil direction à haut dossier et abandonnez à votre visiteur un siège standard ! Rien n'exprime mieux la parité que l'identité des sièges.

Comprenez bien cette symbolique, surtout si vous recrutez pour vous-même ; durant l'entretien, vous accueillez un visiteur et adoptez la situation de partenariat ; lorsque tout est négocié et que vous signez la lettre d'engagement, vous reprenez votre statut hiérarchique en vous asseyant dans votre fauteuil de directeur.

Recensez vos ressources en mobilier ; avez-vous une table de réunion (c'est un outil de travail qui se prête à la situation paritaire) ou un coin salon (situation paritaire, mais peu propice au travail) ?

Vous pouvez utiliser avec profit les deux fauteuils visiteurs ; ainsi, vous serez côte à côte, sans l'obstacle de votre bureau, qui néanmoins existe et peut être utilisé (pour prendre des notes ou consulter une documentation).

Veillez à l'éclairage : votre interlocuteur doit être bien éclairé pour que vous puissiez suivre ses réactions, mais il ne doit pas être ébloui ; ne jouez pas à être dans l'ombre, le « truc » est connu, tout le monde a vu les mêmes films que vous.

Et n'omettez jamais de demander pardon lorsque votre téléphone sonne...

Pardonnez-moi de rappeler toutes ces règles élémentaires de savoir-vivre, que vous connaissez par cœur et appliquez dans votre vie privée ; mais j'ai trop remarqué qu'elles sont souvent oubliées dans la situation de recrutement.

Imposer le rythme de la conversation

C'est le plus difficile au début, et pourtant c'est indispensable ; car c'est la vivacité qui fait tomber les défenses, qui crée la sincérité naturelle... ou qui fait se couper le simulateur : dans la vivacité, le rythme, la vitesse, on ne peut être que spontané.

Voici quelques règles qui amènent à créer le rythme (n'oubliez pas de l'entretenir) :

– *Soyez vous-même animé :* si vous vous renversez en arrière, les mains croisées sur le ventre, en vous tournant les pouces, vous n'y arriverez pas ! Respirez la vie, « gigotez », marquez votre intérêt (exclamations, voix forte et articulée, etc.).

– *Parlez de choses concrètes non impliquantes :* un thème spéculatif (quelle est votre conception du marketing ?) n'engendre que la réflexion, pas la vie ; un thème impliquant (racontez-moi les bêtises que vous avez faites pour être licencié !) risque de bloquer. Parlez, au moins au début, de choses matérielles, factuelles, de tâches, de chiffres.

– *Parlez au présent :* notre langue (et bien d'autres !) est ainsi faite que le présent de l'indicatif exprime la vie, l'action, *même quand on évoque des événements passés* ; dans un roman, les descriptions sont à l'imparfait, les scènes d'action au présent.

Votre visiteur croit qu'il est là pour décrire, pour relater et, d'instinct, s'exprime à l'imparfait ; tant qu'il y restera, *vous n'arriverez pas à l'animer*, il faut le faire parler au présent.

Pour cela il faut que vous-même parliez au présent. S'il dit : « C'était une situation inextricable », n'enchaînez surtout pas par : « Qu'avez-vous donc fait ? », car vous l'enferreriez dans son passé ; la seule façon de dire est : « Que faites-vous alors ? »... et elle n'est sans doute pas suffisante, il vous faudra plusieurs tentatives la plupart du temps pour « l'amener au présent ».

Un bon indice pour vous : quand notre visiteur est au présent, il relate les dialogues au style direct, son débit s'accélère, il tronque les phrases, place des accents toniques forts et s'anime physiquement ; soyez-y attentif... sans en être dupe : vous avez des « gesticulateurs » qui n'ont rien de spontané !

– *Montrez de l'intérêt :* ne restons pas distants, n'affectons pas l'attitude du témoin impartial qui enregistre des déclarations administratives, *vivons avec notre visiteur.*

Marquer de l'intérêt, c'est renvoyer la balle par une demande de précision, une exclamation, un grognement appréciateur ou réprobateur.

C'est même couper la parole ! Mal élevé, m'objectez-vous ? Oui, si votre interruption signifie : « Ce que vous dites là ne m'intéresse pas, voilà ce qui m'intéresse ! » ; non, si votre ton et votre attitude signifient : « Comme vous m'intéressez, je brûle d'en savoir plus ! »

Bien sûr, tout cela n'est pas facile ; mais n'y pensez pas trop, pensez seulement à *être naturel*, à ne pas jouer un rôle, ce que l'autre ressentirait évidemment. Car vous adopteriez *une* attitude, *un* style uniques (l'élève studieux qui prend des notes, l'inquisiteur, le copain, le père bienveillant, que sais-je ?) alors que la *vie* se caractérise par la *variété* des genres, par la *réactivité* à autrui.

Quand vous êtes arrivé à ce degré de vivacité naturelle dans l'échange, vous courez un risque : celui de vous laisser emporter par cette conversation animée et de ne pas atteindre vos objectifs (connaître l'autre) dans l'heure impartie.

Deux règles vous sont alors utiles. La première est de vous souvenir à chaque instant que c'est l'autre qui vous intéresse : « bien sûr, il me raconte des choses passionnantes, mais les choses ne sont que prétexte à le découvrir ; je ne suis pas dupe, c'est lui qui m'intéresse avant tout ». La seconde consiste à imiter Stanley, c'est-à-dire à emporter et utiliser ses outils et ses méthodes : ce sont les filières de l'entretien, que nous allons maintenant analyser.

Chapitre 2

Filières d'entretien

Puisque c'est par le truchement de la conversation que nous tentons de découvrir la personnalité de l'autre, quels sujets de conversation choisir ?

Ces sujets, ou thèmes, de conversation, l'équivalent des sentiers empruntés par Stanley, nous les appelons des *filières d'entretien.*

N'espérons pas qu'un seul sujet nous permette d'atteindre notre objectif : intuitivement, nous sentons qu'il nous faut regarder notre personnage sous des angles multiples avant d'espérer en brosser un portrait un peu ressemblant ; le détail important, qui caractérise bien notre héros, peut n'être visible que d'un point de vue... qui n'est pas forcément le premier !

Une amusante BD de Gottlib nous narre l'idylle d'un prince charmant et d'une bergère, tous deux au physique délicieux. Le malicieux dessinateur nous montre toujours l'un de profil, l'autre de face, ce n'est qu'à la dernière image que nous les découvrons chacun sous leur autre angle, et ils sont, vous ne vous y attendiez pas, proprement hideux ! Morale : on devrait toujours voir les gens à la fois de face et de profil... Pour nous : varions les sujets de conversation.

Partons du principe que *tout peut être sujet de conversation*, je veux dire que tout sujet de conversation est porteur d'informations sur la personnalité de l'autre. A condition, bien sûr, d'avoir fait tomber les défenses, d'avoir créé le rythme conversationnel, de vivre ensemble la situation d'entretien (animez-vous, vivez !) et d'être attentif à tous les indices.

Car les mêmes thèmes, les mêmes sujets n'apportent aucune information digne de ce nom si vous n'avez pas réussi à passer au-delà du style questionnaire.

Passons en revue les filières les plus usuelles pour en analyser les vertus et les limites, *sans qu'il y ait ici un ordre quelconque.*

L'entreprise et le poste

Pourquoi en faire un exposé ? Pourquoi en faire un monologue ? Sous prétexte que c'est vous qui donnez l'information ? Au contraire, nous allons en profiter pour traiter le sujet en dialogue !

En opérant ainsi, vous ne rompez pas le rythme conversationnel vivant (que vous vous êtes donné du mal à établir), et vous sentez d'emblée les centres d'intérêt de l'autre, sa curiosité, son égocentrisme, ses motivations, etc.

D'ailleurs, si vous avez préparé un « topo » construit pour présenter l'entreprise et le poste, pourquoi ne pas en faire un document confié au visiteur avant l'entretien ; au moins êtes-vous sûr que tous vos visiteurs auront reçu la même information de base et pouvez-vous entrer aussitôt en dialogue.

Mais même si vous utilisez l'entretien pour donner ces informations individuellement, faites-le sous forme de dialogue en interrompant le fil de votre exposé par des questions comme : « Et vous-même, avez-vous déjà rencontré telle situation ? », « Que pensez-vous de ça ? », « Que faites-vous dans un cas semblable ? »...

La chronologie plutôt que la biographie

La chronologie permet de détecter les *incohérences* (en vertu du principe que la *cause précède toujours l'effet*), les *lacunes* (il manque un morceau de vie), les *progressions ou régressions*, les *durées* respectives (et donc les importances) des phases.

C'est donc une filière indispensable, mais méfiez-vous-en : elle est propice au monologue (rompez-le !). Tout le monde peut mettre au point sa biographie, l'étudier, la répéter et en faire un numéro d'acteur ; si vous laissez le monologue s'établir, vous avez droit à l'exposé magistral... qui vous laissera sur votre faim, car vous vous demanderez toujours : est-il capable de faire autrement ?

La tentation est forte pour le visiteur de placer son numéro bien préparé, et il essaie toujours de vous amener sur la filière Chronologie dès le début de l'entretien. Ainsi, à votre question initiale qui pourrait être « Pourquoi voulez-vous aujourd'hui quitter Michelin ? », il peut répondre par : « C'est toute une histoire : en 1967... » ; ne vous laissez pas faire, la chronologie ne doit pas déboucher sur le monologue, elle est utile pour préciser un point, le relocaliser ; elle n'intervient donc que lorsque vous posez une question qui commence par « quand ».

Raisonnez en *âge* plutôt qu'en *date*, c'est plus concret (le bac à vingt et un ans, directeur d'usine à trente ans), sauf si l'événement a rapport avec un fait historique daté (grève, fusion, incendie, guerre...).

Les tâches matérielles

Elles sont le meilleur prétexte à parler dans le concret ; elles permettent d'obtenir un rythme conversationnel vivant, naturel, sans contrainte ; elles s'introduisent sans artifice dans la conversation, comme analyse de l'expérience professionnelle.

Traquez le détail matériel, ne vous contentez pas de considérations spéculo-philosophiques, descendez au ras des pâquerettes au moyen des questions circonstancielles (où, quand, qui...). Les sujets « au ras des pâquerettes » sont foison, c'est tel mot prononcé par votre interlocuteur qui vous met sur la voie spontanément : « Et vous, comment tenez-vous votre planning ? » ou bien « Dessinez-moi donc votre fiche de stock ». Soyez convaincus que nous ne pouvons décrire avec précision que ce que nous connaissons par cœur : votre interlocuteur n'a donc droit à aucune hésitation, toutes ses réponses doivent être spontanées.

Selon le métier des gens avec qui vous vous entretenez, il y a deux grandes manières d'aborder le sujet, pour rester bien concret, c'est-à-dire pour ne pas dévier vers des considérations spéculatives du genre la *philosophie de mon poste* ou *sa politique* ou encore *mes objectifs*.

La première manière consiste à poser la question : Racontez-moi votre **journée typique de travail**. N'oubliez pas après de vous intéresser aux tâches à cycle hebdomadaire, mensuel, annuel.

Certains postes, pourtant, ne se reconnaissent pas de régularité quotidienne. La seconde manière (dite des **entrées** et des **sorties**) consiste à analyser les tâches à partir de leur fait déclencheur jusqu'au moment où la responsabilité passe entre les mains de quelqu'un d'autre.

Dans les deux cas, il est bon de bien distinguer la production personnelle des tâches managériales (préparer, organiser, suivre le travail d'autrui).

Veillez bien au rythme rapide de la conversation, ne le laissez surtout pas monologuer ; et souvenez-vous que s'il a « inventé » un détail concret, vous le ferez se couper si vous maintenez la vivacité du dialogue.

Pourtant, ne croyez pas que les tâches matérielles soient un bon révélateur de sa maîtrise technique ; d'ailleurs, quelle que soit notre expérience technique personnelle (antérieure au recrutement), son futur chef est généralement mieux placé que nous à cet égard ! Pour autant qu'il sache lui aussi mener un entretien, et qu'il ne confonde pas complicité de jargon avec compétence.

C'est parce qu'elles apportent une multitude d'indices sur la personnalité de votre visiteur que les tâches matérielles nous intéressent, même si nous lui donnons l'impression d'être passionné par elles (ce qui est d'ailleurs vrai, mais c'est *lui* notre premier centre d'intérêt).

Les motivations

Nous devons découvrir les leviers de décision (ou d'action) de notre interlocuteur.

A une question aussi anodine que « Qu'est-ce qui vous a plu dans mon annonce ? » (ou dans ma lettre, ou dans mon téléphone, selon la façon dont vous avez initialement établi le contact), vous pouvez entendre :
- c'est en Bretagne ;
- c'est l'industrie alimentaire ;
- il y a une équipe importante ;
- les voyages à l'étranger ;
et bien d'autres réponses éclairantes.

Cela dit, ne soyons pas naïfs : il y a des motivations qui font chic et d'autres qui sont « honteuses », et notre visiteur le sait bien.

Tentez donc la filière Motivations à chaque tournant brusque de la carrière (changement d'entreprise, changement de fonction, etc.) au moment d'une décision importante (« quelles sont les autres propositions que vous aviez et que vous n'avez pas retenues ? ») ; mais vous verrez que nous pouvons découvrir des motivations, sans poser formellement la question, à l'intérieur d'autres filières.

L'organisation

Parler d'organisation est instructif, mais faire dessiner un organigramme est l'un de mes plaisirs les plus pervers. Non seulement, nous y découvrons le pouvoir et la dimension officiels de notre interlocuteur, mais aussi, le cas échéant, la confusion de son esprit et sa maladresse à s'exprimer clairement.

Veillez à la spontanéité du dessin (ou au contraire à la puissante réflexion initiale, compliquée de retouches et corrections), à la logique des articulations, à l'identification des cases (par titres, fonctions, patronymes ou initiales), à la position de notre interlocuteur (au milieu, en haut, en bas).

Vous obtenez des résultats aussi éclairants avec le jeune ingénieur d'études à qui vous faites dessiner le schéma fonctionnel du produit qu'il développe ou avec le responsable de marketing qui vous expose son dernier lancement.

Les fonctions de direction

Ce sont ces infinitifs chers à Fayol, cet ingénieur en chef des Mines qui s'est rendu célèbre par ses travaux sur l'organisation des entreprises ; ils décrivent les devoirs du chef : préparer, expliquer, contrôler, prévoir, etc. On peut en citer autant qu'on veut.

Notez qu'il n'est pas besoin d'être grand patron pour avoir sa petite idée à ce sujet : le seul fait d'assumer une petite responsabilité entraîne des devoirs de chef ; à cet égard, vous remarquerez que l'anglo-saxonnisme « manager » est la corruption du moyen français « mesnagier » (intendant) qui a donné le féminin « ménagère » en français moderne, une fonction riche en tâches multiples, en organisation, en décisions, qui nécessite donc des vertus « managériales ». Dans le même esprit, les Allemands traduisent budget par *Haushaltsgeld*, littéralement « argent du ménage ».

Demandons à notre visiteur, même débutant (il a peut-être été chef de patrouille chez les scouts) et même donc femme au foyer, quels sont les devoirs du responsable. Comme ils sont en nombre illimité et que vous ne lui laissez pas le temps de réfléchir, il en cite spontanément trois ou quatre. C'est ce choix spontané qui nous intéresse.

Les trois ou quatre infinitifs choisis se cantonnent-ils dans un registre unique, par exemple « intellectuel » (étudier, prévoir, organiser), « social » (former, animer, récompenser) ou « managérial » (décider, contrôler) ; ou au contraire recouvrent-ils de façon équilibrée plusieurs registres ?

Indépendamment du registre, expriments-ils tous une action *positive* (qui fait avancer le travail comme encourager, animer, montrer l'exemple) ou *négative* (qui freine le travail comme contrôler ou punir) ou encore une harmonieuse combinaison des deux ? Car la conduite efficace requiert autant l'usage du frein que celui de l'accélérateur.

Mais là aussi, méfions-nous (comme pour les motivations) de la langue de bois des idées reçues ; travaillons dans la spontanéité et recoupons les déclarations formelles d'indices éparpillés recueillis au moyen des autres filières.

Et surtout, ne vous prenez pas au piège de juger votre visiteur selon votre propre éthique : nous n'avons pas à le juger, mais à découvrir comment il fonctionne !

Les thèmes à contenu émotionnel

Les filières que nous venons de passer en revue impliquent peu d'émotion, voire pas du tout : il y a des tâches concrètes, des dates, des idées... Notre visiteur se maîtrise dans cette conversation sereine, et il peut vous cacher bien des aspects de sa personnalité (comment se comporte-t-il devant le danger, face à une frustration ou à une agression), que vous pouvez (et donc devez) mettre au jour en le déstabilisant, c'est-à-dire en créant en lui une émotion. C'est la raison d'être de ces thèmes que nous abordons maintenant. Citons :
- l'événement, la crise, l'accident, où notre homme a joué un rôle majeur (s'il n'a été que spectateur passif, cette filière ne vaut pas grand-chose) ;
- l'échec personnel (professionnel ou privé) ;
- la frustration, en voyant ses efforts mal reconnus ou dans une situation de rejet larvé ;
- l'argent ; etc.

C'est bien sûr l'autre qui vous donne le prétexte à enfourcher cette filière (parce qu'il vient de dire : « Alors là, on s'est planté » ; ou bien « J'étais seul ingénieur à l'usine quand l'incendie s'est déclaré » ; ou bien « J'étais mal payé » ; ou encore « Nos relations se sont tendues »).

Surtout, ne provoquez pas l'anecdote (« Vous n'auriez pas une histoire à me raconter ? »), attendez que ça vienne naturellement dans la conversation ; et si ce n'est pas le cas, tant pis !

La filière Evénement se présente comme une tragédie classique. Elle débute par une *exposition* des personnages et des situations :

durant cette phase, le narrateur reste en état de stabilité émotionnelle ; il est calme et parle naturellement à l'imparfait. Puis intervient le *nœud de l'intrigue*, qui va tout déclencher : habituellement, le narrateur vous avertit de ce tournant (« C'est alors que... »). Viennent les *péripéties* ou *épisodes*. Et là, il y a deux cas :

a) emporté par ses souvenirs, il *revit* ses émotions passées : il parle au *présent*, transcrit les dialogues au *style direct, s'anime*. Réjouissez-vous intérieurement : vous pouvez l'observer quand, en proie à une émotion, il ne se maîtrise plus. Vous n'avez rien à faire de particulier (observez bien !) que de l'encourager en vivant avec lui ;

b) il *raconte*, il *relate* mais *ne revit pas* ses émotions : il continue sur le ton de l'exposition, à *l'imparfait*, dans la *sérénité*, les dialogues sont reproduits au *style indirect*. Pour vous, quel que soit l'intérêt de l'histoire qu'il raconte, ça ne sert à rien : vous avez besoin de le voir sous l'empire de son agitation émotionnelle. Agitez-vous vous-même, coupez la parole, posez des questions au présent... pour revenir au cas a).

Ainsi, selon les circonstances, vous pouvez voir ses *vraies* réactions (à l'agression, à la frustration, au danger...), et non pas celles qu'il prétend avoir.

La dernière partie de la tragédie classique est le *dénouement*, et votre interlocuteur a encore la gentillesse de vous en avertir (« Voilà, c'est fini »), comme au cinéma. Attendez bien la fin, n'intervenez pas par des questions intempestives avant d'être certain que c'est bien fini. En effet, il sait, lui, comment ça se termine, et son agitation émotionnelle, qui a crû tout au long des péripéties, s'atténue naturellement lorsqu'il a terminé ; l'interrompre avant serait maladroit, car vous l'empêcheriez de se calmer naturellement.

En l'absence d'événement à faire revivre, vous pouvez obtenir un résultat analogue (déstabilisation émotionnelle) par une *question de provocation* (voir le chapitre 3) ; mais, dans ce cas, votre interlocuteur ne sait pas comment ça se finit, et il n'a plus cette faculté de s'auto-rasséréner qu'apporte le dénouement connu d'un événement ; c'est alors à vous de jouer ce rôle : obligez son cerveau à changer d'hémisphère en lui demandant des chiffres, en lui faisant faire une opération d'analyse (de son chiffre d'affaires par produits, par clients, par pays...) : nul ne peut simultanément faire des calculs et éprouver des émotions.

Pour faire revivre une émotion, il faut y encourager l'autre en nous animant nous-même (toute « distanciation » apparaîtrait comme du voyeurisme). Il faut de plus que l'entretien ait déjà atteint un bon niveau de qualité ; ces filières ne sont abordables qu'en milieu d'entretien, et pour une durée d'autant plus courte que le climat émotionnel y est plus intense ; et revenons rapidement à une situation plus sereine (demander quelques chiffres est la façon la plus simple de dépassionnaliser).

Méfiez-vous d'un danger de ces filières : vous courez le risque d'être passionné par l'anecdote événementielle... et d'oublier de percevoir les indices ! Ce n'est pas l'histoire qu'il raconte qui doit nous intéresser, c'est *lui-même.*

Enfin sachez que chacun jouit de son catalogue de petites aventures qu'il adore raconter ; pour moi, il en est que j'ai déjà racontées cent fois, qui sont parfaitement au point et que je vous sers à la demande. Vous avez compris que ce n'est pas ce que nous attendons de la filière Evénement, nous devons obligatoirement « faire dans l'impromptu ».

Les thèmes extra-professionnels

Avons-nous le droit de pénétrer dans la vie privée de nos visiteurs ? La loi nous interdit de fonder un recrutement sur des critères de race, religion, politique, syndicalisme et mœurs sexuelles ; elle est muette sur le restant.

Ce n'est pas faire une incursion indiscrète dans la vie privée de ce major HEC de vingt-deux ans que de vouloir apprendre qu'il est le huitième enfant d'un ouvrier agricole émigré polonais ; ni de s'assurer (puisque le poste à pourvoir est situé à Argenton-sur-Creuse) de la profession de sa femme, s'il est propriétaire de son logement ou s'il n'a pas un enfant handicapé, nécessitant une école spéciale. C'est de la conscience professionnelle.

Songez au candidat jeune, notamment au débutant : vous trouvez plus de tâches et de responsabilités dans son rôle de trésorier de l'association amicale des photographes amateurs que dans ses stages. Quant à la femme au foyer, vous savez déjà qu'elle peut prouver ses vertus managériales entre la maison, le marché et l'école. Dans toute activité bénévole, réputée pour cette raison « non professionnelle », nous trouvons des tâches, des responsabilités, des organisations, des événements...

On a autrefois accordé trop d'importance aux « hobbies » en leur octroyant une *clé d'interprétation* : le joueur de football était réputé avoir l'esprit d'équipe alors que le philatéliste passait pour asocial ! L'expérience nous a fait abandonner ce genre de clé (il n'y a aucune corrélation) ; toutefois, il y a des hobbies à la mode (tennis, golf, squash, voile) et des hobbies ringards (les miens) ; vous êtes autorisés à interpréter ce choix comme un excès de conformisme ou d'anticonformisme.

Dans les *hobbies*, ce qui va vous intéresser, ce n'est pas vraiment la différence de valeur entre la pratique de l'équitation et celle de l'œnologie ; ce sont les **tâches, responsabilités, organisations**, toutes filières que vous connaissez déjà, et que vous appliquez bien que l'activité soit extra-professionnelle.

Les qualités et les défauts

Ce thème demande à être abordé avec finesse ; en effet, à votre question : « Quelle est votre première qualité ? », l'autre répond la franchise, la générosité ou le courage ; et à votre deuxième question : « Quel est votre plus gros défaut ? », il répond par le même mot ; et vous voilà partis dans une discussion philosophique stérile.

Pour rester dans le concret, utilisez donc par exemple les informations que vous venez de donner sur le poste : « A la lumière de ce que nous nous sommes dit, quels sont vos bons atouts personnels pour faire face aux problèmes posés ? » puis plus tard « Et quel est votre plus gros point faible ? »

Vous pouvez utilement doubler cette perception personnelle par l'image qu'il a auprès d'autrui : « Quel reproche vous fait régulièrement votre directeur ? votre adjoint ? votre femme ? »

Les thèmes spéculatifs

Parler de choses abstraites est utile, si vous savez vous y prendre ; alors méfiez-vous !

Commencer un entretien par : « Quelle est votre conception personnelle des ressources humaines ou de la GPAO ? » est profondément inepte, puisque vous allez recevoir comme réponse soit un tissu de banalités, soit la « question de cours », soit ce qui a été lu d'original hier, soit ce que répète inlassablement comme un slogan publicitaire son chef de service. Donc rien d'éclairant sur la *personnalité* de l'interlocuteur.

Nous allons voir toutefois qu'il peut se révéler passionnant d'aller – au cours de l'entretien – examiner l'habileté de notre visiteur à conceptualiser : ce sera le moment d'aborder un thème spéculatif. Nous en parlerons en détail lors de la découverte des caractéristiques intellectuelles.

Mais en règle générale, nous éprouvons de la difficulté à faire parler *concrètement* l'autre de son travail, car chacun estime devoir rester vague devant un inconnu. Ainsi votre interlocuteur vous dit de ses parents qu'ils sont « commerçants » (tiennent-ils une épicerie ? sont-ils propriétaires des Galeries Lafayette ?) ou « fonctionnaires » (facteurs ? instituteurs ? président du Conseil d'Etat ?). N'en déduisons pas pour autant qu'il est à l'aise dans l'abstrait !

Rappelons-nous : chronologiquement, les thèmes concrets doivent précéder les thèmes abstraits.

Les autres opportunités

Puisqu'il est candidat chez vous, il y a de fortes chances pour que votre visiteur soit candidat également chez quelqu'un d'autre. S'en entretenir va vous apporter des éclairages sur ses motivations, ses centres d'intérêt et ses objectifs, mais aussi sur les méthodes et procédés qu'il met en œuvre dans sa recherche.

N'oubliez pas de vous intéresser aux raisons qui lui ont fait abandonner telle opportunité et décider de continuer sur telle autre.

Remarque générale sur les filières

Si je vous invite à utiliser beaucoup de thèmes différents, je ne vous indique pas comment en changer.

Parce que c'est tout simple, au moins durant les deux premiers tiers de l'entretien consacrés à la *découverte des indices* ; il vous suffit de laisser aller la conversation.

En voici un exemple ; à votre question : « Vous êtes entré chez Massey-Ferguson il y a deux ans seulement ; pourquoi les quitter déjà ? », votre visiteur a répondu : « J'ai fait le tour de la question ; maintenant, j'ai envie de jouer un rôle commercial. »

Le principe de la conversation à bâtons rompus vous fait rebondir sur un mot qu'il vient de dire ; lequel ?

« J'ai fait le tour de la question » est bien implicite, cela mériterait d'être creusé (nous traitons de l'implicite et des mots complices au chapitre suivant) ; « j'ai envie » nous amènerait dans la filière Motivations ; quant à « jouer un rôle » (vocabulaire du comédien), pensons-nous que cela s'applique vraiment au travail commercial ?

Bien sûr vous n'allez rebondir qu'une fois (une seule question à la fois !).

Et ce, à votre choix ou à votre instinct.

Stanley avance sur un sentier et découvre des indices ; il arrive à une croisée de chemins, et il lui semble que le sentier de gauche est porteur d'indices ; qu'il y aille !

Il lui faut, bien sûr, garder souvenir de ses bifurcations, des sentiers déjà empruntés et de ceux jusqu'alors négligés.

N'hésitons donc pas à changer de sujet, chaque fois que l'autre nous en offre l'occasion : la conversation reste ainsi rythmée, naturelle, intéressante.

Nous verrons plus tard comment gérer notre entretien pour garder souvenir de l'itinéraire effectué. C'est alors que surgira un autre thème : qu'ai-je oublié de demander, si près de la fin de l'entretien ?

Mais pour l'instant, ne pensons qu'à l'autre et ne craignons pas le coq-à-l'âne puisqu'il arrive naturellement dans la conversation.

Chapitre 3

L'art de poser les questions

Maintenant que nous savons de quoi nous parlons (c'est la filière) et que nous avons atteint ce rythme conversationnel naturel et vivant, préoccupons-nous de la façon de poser nos questions.

Et aussi de la façon de ne pas les poser, car des maladresses nous guettent.

Une seule question à la fois

Combien ai-je entendu d'entretiens commençant à peu près ainsi : « J'aimerais que vous me parliez de votre formation et de votre expérience professionnelle et enfin de vos motivations pour poser votre candidature à ce poste » !

Avec une phrase de ce tonneau, bien des maladresses se cumulent : on invite l'autre à un vaste monologue, récit de Théramène ou tirade du Cid, bien préparé, avec le ton et les gestes ; ou bien, lui proposant trois thèmes (sa formation, son expérience, ses motivations), on lui laisse le choix de répondre à celui qui lui convient le mieux ; d'ici qu'il ait fini, vous aurez oublié les deux autres thèmes !

Souvenons-nous-en toujours : *une seule question à la fois.* C'est évident, me dites-vous ? A propos, vous êtes-vous déjà fait enregistrer pour le plaisir de vous écouter à tête reposée ?

Pas de question à rallonge

Un cas pervers de la question (unique) est la question « à rallonge » illustrée par l'exemple suivant : « J'aimerais que vous me parliez de votre formation, je veux dire par là l'établissement secondaire que vous avez fréquenté – était-il public ou privé –, les examens que vous y avez passés, vous voyez ce que je veux dire ? »

Ce mode d'expression trahit le malaise de celui qui s'exprime, sa peur de ne pas être compris, l'angoisse du « blanc » qui risque de suivre.

L'interlocuteur ressent évidemment ce malaise et se dit : « C'est bien ma veine, j'avais déjà le trac, et lui l'a encore plus que moi ! »

Pas de reformulation ni de paraphrase

Il peut arriver qu'à votre question (unique et sans rallonge), l'autre reste sans voix.

« Combien de collaborateurs aviez-vous alors ? »

« ... »

C'est le « blanc », comme on dit au théâtre, lorsque le partenaire a oublié sa réplique et que le souffleur s'est endormi ! Et chez vous, c'est le début de l'affolement. Vous avez envie de dire : « Y'a combien de mecs dans ce bazar ? » ou encore « De combien d'éléments se composait donc ce service à la tête duquel vous vous trouviez alors placé ? » selon votre style personnel et le degré de contrôle dont vous jouissez encore.

Cela s'appelle reformulation ou paraphrase, et c'est maladroit (tout du moins ici ; car, plus loin dans l'entretien, quand nous vérifions nos hypothèses et que.., mais c'est un autre sujet).

En effet, vous ignorez la raison du « blanc » ; il peut y en avoir mille (un autobus est passé dans la rue, et votre voix a été couverte ; une mouche s'est posée sur le nez du visiteur et a détourné son attention ; il n'a jamais dirigé personne et cherche un mensonge plausible) et vous n'en retenez qu'une (je me suis si mal exprimé qu'il n'a rien compris).

Vous vous souvenez que je vous ai naguère comparé à un savant dans son laboratoire ; or c'est une règle fondamentale de l'expérimentation de ne faire varier qu'un seul paramètre à la fois.

Partons, si vous voulez, de l'hypothèse que vous ne vous exprimez pas trop mal (dans le cas contraire, faites des progrès !) ; parmi les mille hypothèses plausibles, nous devons éliminer en premier la possibilité d'un « parasite » de la communication (l'autobus ou la mouche).

Pour cela, reposons la question dès que le blanc devient pénible, *sans y changer une virgule* ; si la réponse fuse, cela donne à penser qu'il s'agissait bien d'un parasite ; si elle continue à tarder et que le blanc redevient insupportable, c'est le moment de demander ce qui ne va pas.

Ne faisons varier qu'un seul paramètre à la fois !

Peut-être avez-vous entendu vanter les mérites de la reformulation, par exemple pour la vente ou la formation ; il vous est alors chaudement recommandé de reprendre les informations fournies par le client ou l'élève sous la forme « Si j'ai bien compris... », ce qui présente l'avantage de s'entendre répondre oui, ce qui est bien agréable...

Ne confondons pas la *reformulation volontaire et maîtrisée* préparant un argumentaire avec la *reformulation sauvage* qui trahit votre malaise.

Ne soufflez pas la réponse

Une question est destinée à vous apporter une réponse que vous ne connaissez pas ; si vous laissez deviner, par la formulation de votre question, la réponse que vous souhaitez entendre, la réponse reçue ne signifie plus rien. Illustrons cela par un exemple.

Vous voulez savoir si la signature du contrat doit beaucoup à l'intervention de M. Dupont, que votre visiteur vient d'évoquer.

Ne dites pas : « Ce contrat a-t-il été signé avant ou après cette intervention de M. Dupont ? », car vous trahissez cette préoccupation qui est la vôtre, et votre interlocuteur la sent ; il devine que vous soupçonnez que le mérite de cette signature revient à M. Dupont ; vous le poussez donc à répondre : « avant ! », réponse dont le contenu informatif est nul, puisque vous étiez sûr qu'il dirait « avant », que ce soit juste ou faux (en revanche, s'il dit « après », vous êtes persuadé qu'il dit la vérité).

Utilisez donc la chronologie et dites : « Quand ce contrat a-t-il été signé ? », ce qui ne trahit que votre curiosité circonstancielle et non ce soupçon ; cette question attire comme réponse : « Le 1er octobre, juste avant mon retour, puisque le télex d'accord m'attendait. »

Ne dites pas : « Avez-vous préféré faire carrière dans la banque pour des raisons de sécurité ? » Dites : « Pourquoi avez-vous été attiré par la banque ? »

Acquisition d'informations : questions ouvertes

Dans les deux premiers tiers de l'entretien, nous découvrons, nous recevons de l'information ; nous ne sommes pas assez avancés pour confirmer, contrôler, nous cherchons à acquérir.

Or, *seules les questions ouvertes permettent d'acquérir de l'information.*

On appelle *question ouverte* une question simple (mot interrogatif, verbe, sujet, point d'interrogation) qui *laisse à l'autre toute liberté de choisir sa réponse.*

Ainsi la question « êtes-vous intelligent ? » n'est pas ouverte ; elle est même le prototype de la question fermée, puisqu'elle enferme l'autre dans le choix entre OUI et NON, qui n'est pas un vrai choix.

Les questions ouvertes commencent par un mot interrogatif qui précise le champ d'investigation sans plus ; ils sont au nombre de six : quoi, qui, où, quand, comment, pourquoi (le mot « combien » introduit une question fermée, puisque la réponse est un chiffre).

L'ordre des six mots interrogatifs n'est pas indifférent :

Le premier est QUOI (identification de la chose ou de l'action), il intervient obligatoirement en premier, car il faut savoir de quoi l'on parle.

Le second est QUI (identification de l'auteur de l'action) et vient aussitôt après. Car si la tâche est le fait de quelqu'un d'autre, elle nous intéresse moins.

Viennent ensuite les circonstances (OÙ, QUAND), puis la manière (COMMENT).

Et enfin la causalité (POURQUOI) peut s'appliquer à n'importe quelle réponse obtenue à l'un des cinq mots interrogatifs précédents.

Ces six petits mots sont la base de l'hexamètre de Quintilien, expression qui a dû être prononcée en terminale par votre professeur de philosophie (peut-être étiez-vous malade ce jour-là ?).

Comprenons l'infinie richesse de ces tout petits mots et leur extrême commodité d'emploi : il n'y a même pas à réfléchir pour les utiliser, ils viennent spontanément sur les lèvres et rebondissent dans la conversation ; ils prouvent votre intérêt pour l'autre, par votre spontanéité et votre curiosité, et vous apportent des tas d'éclairages successifs et nouveaux, tous ces détails qui vont rendre concrètes et vivantes les tâches (une filière majeure pour les questions ouvertes) et obliger l'autre à être sincère... de peur de « se couper » sur un détail inventé.

Rappelez-vous la formule : « racontez-moi ça » qui est l'équivalent du « quoi » montrant avec force votre curiosité, votre intérêt...

© Les éditions d'organisation

et méfiez-vous qu'elle risque de conduire à un monologue (que vous romprez par un « qui », un « où »...).

Confirmation, contrôle : questions fermées

Lorsque vous avez acquis les informations et *pas avant*, vous pratiquez des corrélations, des rapprochements, des analogies et tentez vos premières hypothèses de comportement ; cette gymnastique intellectuelle, à laquelle nous allons nous entraîner plus tard, exige des vérifications : les questions fermées vont nous y aider.

Une question fermée impose une réponse, en ne laissant à l'interlocuteur aucune liberté de choix de registre.

Le modèle de question fermée est celui qui appelle comme réponse « oui » ou « non ». La réponse à une telle question, par sa brièveté, ferme l'échange (on devrait l'appeler *question fermante* !) et, de plus, n'apporte pas réellement d'information.

Si je demande en *premier* « Avez-vous obtenu votre baccalauréat ? », je risque de faire croire à mon interlocuteur que c'est important pour moi, et, pour peu qu'il soit bien affirmé, il va me répondre « Oui » avec assurance, quelle que soit la vraie réponse.

Si, au contraire, je commence par des questions *ouvertes* (« Quel diplôme avez-vous ? », « Quand l'avez-vous obtenu ? », « Où l'avez-vous obtenu ? »), je peux apprendre bien des choses (et d'abord qu'il ne s'agit pas du bac, mais du brevet de secouriste). Et si j'éprouve (par ses hésitations ou son trouble) quelque soupçon, je peux encore le *confirmer* par la question fermée.

Une variante est représentée par la *question alternative* (ou dilemme) pour laquelle le couple oui-non est remplacé par un couple de deux contraires (grand-petit) ; le domaine d'application est bien sûr le même : il vous faut être sûr déjà que la vérité cherchée se situe bien sur cet axe-là et pas sur un autre (blanc-noir, par exemple).

Pour poser la question alternative : « Préférez-vous les études ou la réalisation ? », il faut **déjà** savoir qu'il a pratiqué les deux, sinon vous risquez un malentendu. Par exemple, il n'a aucune expérience des réalisations (ce que vous ignorez encore) et répond : « Les études ! » (parce qu'il n'aime que ce qu'il connaît, et oublie de vous dire qu'il ne connaît les réalisations que par ouï-dire) ou « Les réalisations ! » (parce qu'il est attiré par la nouveauté ou qu'il s'ennuie aux études, mais sans vous avertir qu'il n'en a jamais fait).

L'alternative ne vous a rien appris : il fallait commencer par une question ouverte (« Qu'est-ce que vous faites ? ») pour apprendre.

ᴵᶜ Les éditions d'organisation

En revanche, si vous savez déjà qu'il a pratiqué les deux et pressentez (parce qu'il l'a dit formellement ou pour d'autres raisons) que l'une des deux lui convient plus que l'autre, l'alternative vous sera utile pour confirmer ce pressentiment.

Mais ne soufflez pas la réponse en déséquilibrant les deux branches de l'alternative ; ne dites pas « Pour obtenir une augmentation, vous préférez négocier ou élever la voix » car l'image de « élever la voix » est péjorative alors que celle de « négocier » est positive ; vous déséquilibrez donc l'alternative et forcez la réponse.

Une autre variante serait la *question à choix multiples* où se propose non plus un couple mais un groupe de trois ou quatre réponses possibles qui *s'excluent mutuellement* (très difficile à pratiquer oralement) : « Un directeur de division est à la fois, mais pas forcément avec le même degré, un bon technicien, un bon commerçant, un bon gestionnaire et un bon animateur. Vous, quelle est votre dominante ? »

Vendeurs et formateurs utilisent une question fermée particulière appelée « maïeutique » en hommage à Socrate qui avait l'habitude de dire qu'il accouchait les idées comme sa maman (qui était sage-femme) mettait au monde les bébés : c'est une question fermée dont vous êtes certain que la réponse ne peut être que « oui » ; en poser beaucoup l'une après l'autre revient à mettre l'autre au « rythme des oui », ce qui est une bonne méthode de conviction. Les questions maïeutiques ne sont donc pas porteuses d'informations ni de contrôles, seulement de conviction (ce qui est, je le reconnais, d'un haut intérêt, mais en ce moment de *découverte de l'autre*, hors sujet).

En savoir toujours plus

N'admettez jamais l'implicite.

A chaque instant de l'entretien, vous courez le risque d'interpréter de travers ce que dit votre interlocuteur ; en effet, *tous les mots ont plusieurs sens* (ne serait-ce qu'un propre et un figuré). Illustrons cela par un exemple.

A votre question « Qu'est-ce qui vous intéresse dans ce poste ? » (c'est un QUOI ouvert dans la filière Motivations), votre visiteur répond : « L'activité. »

Comme il opère dans le même domaine *d'activité* que votre propre entreprise, fabricant de chaussures, vous pouvez penser que votre visiteur, passionné par les chaussures, n'entend pas changer *d'activité*.

Mais ce n'est pas ce qu'il a dit, *n'admettons jamais implicitement ce qui n'a pas été dit* (déjà que même ce qui est formellement dit...).

Vous placez donc votre si utile « Racontez-moi ça » pour entendre :

ᵡ Les éditions d'organisation

« Ben, avec tous ces déplacements ! » ou bien « C'est un poste à dominante d'organisation-gestion », ce qui change tout. Activité ne rime donc pas toujours avec soulier.

Pour ne pas tomber dans le piège de l'implicite, rappelez-vous que *tout ce qui semble clore le sujet vous incite à le creuser.* C'est pour nous un devoir d'être curieux, *insatiablement, maladivement curieux.*

L'implicite nous guette à chaque fois que l'interlocuteur dit (ou simplement pourrait dire) : « Vous voyez ce que je veux dire » ; si nous le « voyons » effectivement sans le savoir par ses déclarations, nous sommes prêts à gober n'importe quoi.

Cette vérité est particulièrement pernicieuse lorsque notre visiteur a réussi à établir avec nous un *pont de complicité.*

Mots complices

On appelle « mot complice » toute expression de connivence qui vous fait courir le risque de penser : je vois bien ce qu'il veut dire, inutile de creuser. C'est par exemple le cas si notre visiteur exerce notre métier ou, pour le recruteur professionnel, celui qui était le nôtre avant de nous consacrer au recrutement : nous croyons savoir ce qu'il fait, connaître ses difficultés et apprécier son succès ; mais qui est-il donc vraiment ? C'est pour tout le monde le cas s'il nous donne l'impression de partager avec nous un trait de caractère (« moi, il faut que ça bouge »), une éthique (« le plus important, c'est les hommes »), un plaisir (« j'ai la passion du tennis »), etc. Enfin, si nous le trouvons « sympa ».

N'oublions pas que notre objectif est de pronostiquer sa réussite ! Alors, ne nous laissons pas avoir, restons clairvoyants... et posons beaucoup de questions ouvertes pour le découvrir.

Un principe fondamental de la physique nous apprend que « toute mesure tend à dégrader la grandeur à mesurer » (l'ampèremètre destiné à mesurer le courant électrique consomme du courant, le thermomètre absorbe de la chaleur et fait baisser la température, etc.) ; bien sûr, nous ne sommes pas des appareils de mesure, et notre interlocuteur n'est pas une grandeur à mesurer, mais notre rôle est loin d'être neutre, nous devons donc prendre des précautions.

Voici quelques exemples de déclarations de nos visiteurs qui tendent à clore le débat ; mais, dorénavant, elles vous incitent sainement au contraire à l'ouvrir :
  – expressions jargonnesques : « J'ai fait le SDC de l'AMDEC, et je lui ai tracé son GRAFCET » ;

- langue de bois : « La mondialisation des échanges », « Les cinq zéros », « La qualité totale », « Le challenge »... ;
- noms de dirigeants intimes : « Calvet m'a demandé de venir l'aider à... », « Lagardère m'a dit : tu devrais... » ;
- concepts supposés proches de notre « sensibilité » : relationzumaines (1), politique générale, stratégie...

Vous voyez que le résultat est le même si les moyens sont différents : que le sens profond vous soit opaque ou au contraire trop évident, vous êtes tentés de passer à un autre sujet, sans vraiment savoir ce qu'il en est.

Le réflexe à acquérir est au contraire de creuser, en relançant par une question ouverte (« c'est quoi pour vous la mondialisation des échanges ? »), puis par une autre, puis une autre encore...

L'expérience prouve que si l'interlocuteur avait vraiment eu l'intention de clore le débat (car ce genre d'expression peut ne traduire que sa faiblesse culturelle, son incapacité à communiquer autrement que par clichés ou jargon technique), le « mot complice » est intervenu au moment de la narration d'un événement désagréable (les circonstances qui le font quitter son entreprise, par exemple). Il est alors toujours bon de provoquer une déstabilisation.

Un cas amusant et fréquent de complicité bénigne se présente lorsque le visiteur vous attribue ses tâches : « Alors, vous allez présenter le devis au client... », vous dit-il en parlant de lui.

Questions de provocation

Dans tous les cas où votre interlocuteur vous donne le sentiment de vouloir clore dans l'implicite, mais aussi lorsqu'il vous paraît trop affirmé, vous allez le *déstabiliser* par une provocation. Essayons d'illustrer cela par quelques exemples.

Il vient de vous dire qu'il quitte son entreprise parce qu'il est en désaccord avec la *politique générale* de son président ; ce mot de « politique générale » vous paraît être complice (pourquoi ne dit-il pas concrètement que le président refuse son idée d'entrer dans les grandes surfaces, s'il est directeur commercial ; ou bien d'agrandir l'usine, s'il est directeur de production ?). Vous refusez donc l'implicite et ouvrez, comme nous l'avons dit, par la question « Quelle est

---

(1) J'ai pris l'habitude vicieuse d'écrire, au mépris des conventions, « relationzumaines » et « contactezumains » en un mot, quand il s'agit de clichés ; au sens propre, je les écris comme tout le monde.

donc cette politique générale que vous contestez ? », et je vous parie un baril de moutarde (ou de cachous, si vous préférez) qu'il répond « Il est facile de fixer des objectifs, encore faut-il accorder les *moyens* ! »

Moyens est le deuxième mot complice en 20 secondes, c'est trop et vous continuez d'ouvrir : « Quels sont donc les moyens qui vous ont été refusés ? » Une dépense, bien sûr. « Sur quel poste du budget ? », etc., vous ouvrez toujours plus loin.

Placez alors votre provocation : « Et si j'appelle votre président, que va-t-il me dire ? » Trouble de l'autre qui se dit *in petto* que vous êtes bien capable d'une telle manœuvre, et c'est ce trouble qui est la marque de la *déstabilisation* (qui a pu déjà naître au feu de vos questions ouvertes). Continuez de provoquer : « En clair, cela signifie que vous avez fait une note de frais de représentation plutôt salée ? »

La « politique générale » a bon dos.

Prenons un autre cas, celui d'un échec, thème à fort contenu émotionnel. Aussitôt après la relation des circonstances, posez votre question « Alors, à qui la faute ? » qui vous apporte généralement une réponse nette (à Dupont) ou évasive (à pas de chance, à un concours de circonstances...), ce qui vous laisse sur votre faim. Le coup du téléphone au patron peut encore bien vous servir pour créer le trouble ; mais vous pouvez raffiner : « Si ça se reproduisait demain, que feriez-vous ? » et aussitôt après la réponse « Pourquoi ne l'avez-vous pas fait alors ? »

Voyons encore un exemple de provocation. Votre interlocuteur fait preuve de trop d'aplomb, il affirme sa vérité avec autorité ; qu'est-ce que cela cache ? Montrez-vous encore plus affirmé que lui en disant « Vous avez bien raison, mais vous oubliez quelque chose d'important ». S'il se trouble alors, vous savez qu'il cache quelque chose (qui reste à découvrir !) et que cette affirmation de soi n'est que feinte.

Prenez autour de cette notion de provocation les mêmes précautions que pour tout thème à contenu émotionnel :

a) ne tentez jamais la déstabilisation en début d'entretien, vous bloqueriez définitivement le processus de mise en confiance ; attendez donc que le climat conversationnel soit bien établi, attendez de plus une filière propice à l'animation émotionnelle (l'événement, la crise, l'échec...) ;

b) ne faites pas durer la déstabilisation plus de quelques dizaines de secondes, vous risqueriez de ne plus la maîtriser ; vous sentez le désarroi de l'autre monter et s'épanouir, vous avez obtenu ce que vous désirez, ramenez-le donc aussitôt sur terre : pour dépassionnaliser, le moyen le plus efficace consiste à parler d'objets concrets ; posez par exemple des questions fermées appelant comme réponses des nombres, la sérénité revient vite... mais le souvenir reste de ce que vous êtes capable de faire.

Les éditions d'organisation

Une image me vient à l'esprit : vous vous promenez avec ce visiteur sur une falaise en devisant de choses et d'autres, et il vous affirme sa grande capacité à faire face aux imprévus. Comme il tourne alors le dos au vide, vous le bousculez et lui faites perdre l'équilibre (c'est l'équivalent physique de la question de provocation), ce qui vous permet d'observer les réflexes dont il se vante.

Vous ne pouvez vous livrer à ce jeu que si vous êtes certain de pouvoir le rattraper ; votre but est de le *déstabiliser*, non de le détruire, ni même de lui causer une égratignure, seulement de la peur.

Chapitre 4

Le langage

Puisque c'est par la *communication* que nous parvenons à découvrir l'autre, et puisque le *langage* constitue le support principal de la communication, il est inévitable que nous devions accorder au langage toute notre attention.

Je veux dire par là que nous sommes attentifs non seulement au *contenu* des déclarations de notre visiteur, mais également à la *forme* d'expression qu'il utilise.

Ce qui nous amène à rafraîchir nos connaissances grammaticales acquises (en principe) au CM2.

Le verbe et le nom

La grammaire distingue trois catégories de mots :
- les *verbes* qui identifient les *actions* ;
- les *noms* qui identifient les *choses, êtres* ou *idées* ;
- les *outils* (comme les prépositions et conjonctions) qui servent à composer la phrase selon certaines règles mais sans identifier quoi que ce soit d'autre que des relations entre les mots (il est d'usage en revanche de considérer les adverbes comme des additifs aux verbes, et les articles, adjectifs et pronoms comme des auxiliaires aux noms).

Au vu de ces définitions, nous pourrions conclure que nous n'avons guère le choix pour nous exprimer ; et pourtant...

Quelle peut être la nuance de sens entre les deux propositions suivantes :

« Je cours » et « Mon action présente consiste en une course » ?

Il s'agit d'une action ; la première proposition utilise le verbe prévu à cet effet ; la seconde utilise le nom, et j'ai pris la précaution d'y introduire tous les éléments pour véhiculer les mêmes informations (« mon » pour traduire que c'est moi qui cours ; « action » pour que tout le monde sache que j'aurais dû utiliser un verbe ; « présente » pour transcrire le fait que le verbe aurait dû être conjugué au présent de l'indicatif ; « consiste » parce qu'il me faut bien un verbe pour construire une phrase ; « en » préposition-outil obligatoire et enfin « une course » parce que c'est de cela qu'il est question) ; cela a donc *allongé* la phrase, preuve que j'ai utilisé un mode d'expression *moins efficace*. D'ailleurs, vous sentez bien en prononçant ces deux phrases à haute voix que la première « court » plus vite.

Alors pourquoi utiliser l'autre mode ?

Peut-être pour gagner du temps, précisément ? Peut-être l'affirmation « je cours » me paraissait-elle trop « affirmative » dans sa concision ? C'est vrai que nous pouvons avoir peur de paraître abrupt en utilisant le minimum de mots pour exprimer notre pensée ; c'est vrai, sans doute aussi, que nous pouvons estimer que diluer atténue toute éventuelle réaction contradictoire de l'autre.

Ce qui est certain, c'est que – sans doute inconsciemment – mon esprit a refusé d'utiliser le mode normal, conçu pour, expressif et économique. L'observateur attentif que vous êtes retient cela comme un *indice*, sans plus ; peut-être ai-je menti (je n'ai pas couru du tout) ; peut-être ai-je exagéré (j'ai tout juste hâté le pas) ; peut-être ai-je vraiment couru, mais que j'en ai honte, ou que je le regrette...

La seule certitude à retenir est l'incohérence entre l'information donnée et la façon de la donner.

Notre façon de poser la question n'est pas vraiment innocente. A la question formulée au verbe (« Que faites-vous ? »), je dois recevoir une réponse de même construction (« J'établis les budgets, je les fais approuver... ») ; mais si j'ai commis la maladresse de la formuler au nom (« Quelles sont vos tâches ? »), je cours le risque d'entendre des noms (« La préparation des budgets, leur approbation par les directeurs... ») sans pouvoir en tirer aucun indice.

Cas de l'infinitif

Entre le nom et le verbe, il y a une frontière : c'est le nom du verbe ou infinitif. Je peux l'utiliser pour exprimer la même idée que tout à l'heure, de façon donc intermédiaire.

« Mon action présente consiste à courir. »

Cette formulation est juste un tout petit peu plus brève que celle qui utilise le nom ; à cet égard, l'infinitif ressemble plus à un nom qu'à un verbe : il ne porte ni le degré de véracité – indicatif, conditionnel, subjonctif –, ni le repère dans le temps – passé, présent, futur –, ni l'indication de l'auteur– personne).

La personne du verbe

Admettons maintenant que le choix ait été fait au bénéfice du verbe conjugué ; le gros intérêt pour nous du verbe conjugué réside dans la *personne* portée à la fois par la conjugaison et par le pronom sujet ; vous savez qu'il y a six possibilités de sens tout à fait précis :

Je vends : celui qui parle est le même que celui qui agit, et il est le seul.

Nous vendons : il participe à cette action, il agit avec un ou plusieurs autres.

Tu vends, vous vendez : celui à qui l'on parle agit, celui qui parle n'agit pas.

Il vend, ils vendent : celui dont on parle agit, celui qui parle n'agit pas, ni celui à qui l'on parle.

La troisième personne peut porter comme sujet ON, pronom impersonnel : l'auteur de l'action est inconnu, en tout cas non identifié ; comme il existe un « il » impersonnel (il pleut).

Mais la grammaire est à cet égard d'une trop grande simplicité, puisque je peux m'exprimer autrement qu'en suivant cette règle.

La phrase « j'ai augmenté les ventes de 12 % » est acceptable chez le vendeur de terrain ; l'est-elle chez le directeur des ventes ? Ne devrait-il pas plutôt dire « nous avons augmenté », traduisant ainsi et son rôle de chef et les actions de tous ses vendeurs ?

A contrario, le vendeur de terrain qui aurait dit « nous avons augmenté » ne peut pas parler de son secteur seul, ou alors ce serait une drôle de modestie !

Notons l'utilisation de « on » qui occulte le vrai sujet (« on » n'est pas vraiment un collectif comme « nous », puisqu'il n'identifie pas du tout le sujet). Il est possible de construire la phrase à la forme passive, ce qui évite d'utiliser le « on », mais le résultat est le même (« les ventes augmentent ») : le sujet (celui qui agit) n'est pas cité.

Ce que nous venons de voir sur les ambiguïtés entre « je » et « nous » s'applique entre « nous » et « ils » ; si votre interlocuteur, parlant de ce qui se fait dans son entreprise actuelle, dit « ils » au lieu de « nous » (« ils construisent une nouvelle usine »), cela peut bien traduire le fait qu'il se dissocie mentalement de cet acte, qu'il le réprouve... ou qu'il a déjà quitté l'entreprise !

Comme pour la dualité verbe-nom, observons l'usage des sujets en cohérence avec le sens pour détecter tout excès dans un sens comme dans l'autre ; surveillons-en aussi les changements : s'agit-il d'une pratique constante (qu'elle soit correcte ou vicieuse) ou changeante (en fonction des événements relatés) ; comme caricature illustrant ce point, je vous propose :

« J'ai augmenté les ventes, mais on n'a pas eu de chance, et ils ont perdu de l'argent. »

Construction des phrases

« Ce que l'on conçoit bien s'énonce clairement
Et les mots pour le dire arrivent aisément. »

Ces deux alexandrins de Boileau constituent une règle d'or. Un concept familier s'énonce avec clarté : un sujet, un verbe, un complément, un point.

C'est bien intéressant pour nous autres : le jeune psy débutant peut se faire expliquer le fonctionnement du radar de poursuite (ou du marché à terme des matières premières agricoles) sur lequel travaille son visiteur. Si vous avez compris (mis à part le fait que vous êtes futé), c'est parce que le visiteur a bien expliqué.

Rappelez-vous que Louis Leprince-Ringuet est capable d'expliquer à des milliers de téléspectateurs dans nos HLM (ceux des chaumières sont désormais trop riches pour être significatifs) la structure intime des particules constituant la matière.

L'important, c'est que vous ayez compris. Une phrase comme : « Le ventilateur canin subjugue le fauteuil pulvérulent » est parfaitement correcte, bien construite avec des mots français, et pourtant, elle ne veut rien dire.

Après cet exemple de phrase bien faite mais non signifiante, je vous propose celle-ci : « Mon frère, tu sais ? Eh bien son copain, son père à lui, il en a une, de traction avant. » Notez que sa construction s'éloigne des canons de la syntaxe officielle ; pourtant, non seulement vous en avez saisi tout le sens, mais vous êtes certains qu'elle émane d'un enfant... La construction de la phrase nous donne donc spontanément des indices de maturité.

Richesse du vocabulaire

La richesse du vocabulaire contribue puissamment à l'expression orale (et aussi écrite).

Notez la hiérarchie des mots :
- le verbe prime l'adverbe,
- le nom prime l'adjectif,

et qu'à l'intérieur de ces catégories, certains spécimens sont plus porteurs de sens que d'autres (les verbes « être » ou « avoir » sont pauvres).

Les éditions d'organisation

Je constate fréquemment que l'on abuse à notre époque de l'adverbe et de l'adjectif ; l'autre jour, un cadre supérieur m'a sorti « très exact », qui m'a bien fait rire ; comme si l'exactitude n'était pas un absolu et supportait des degrés d'appréciation ! Celui qui sent le besoin de préciser ainsi le mot *exactitude* ne peut en avoir une conception bien rigoureuse...

Sans vous demander de compter les mots significatifs (comme on analyse de nos jours les discours de nos hommes politiques, ce qui fait frémir !), soyez attentifs à la richesse expressive : celui qui réduit son discours à des trucs, des machins et autres schtroumfs risque bien d'avoir aussi réduit sa pensée...

Comme d'ailleurs celui qui s'exprime par clichés, par expressions toutes faites, qui ne sauraient donc rendre compte d'une pensée *originale* : relisez la scène I, acte I des *Plaideurs,* dont l'effet comique est tiré de l'accumulation de proverbes ; est-ce vraiment *communiquer* que de répondre à vos questions « Il faut ce qu'il faut » ou bien « On n'a rien sans rien » ?

Dans le même ordre de pensée, sentez bien passer les fautes d'usage et de grammaire : je vous garantis que – s'il est d'origine étrangère – aucun cadre ne se fait respecter s'il construit le verbe *pallier* de façon intransitive ou pense que le masculin de *pécuniaire* pourrait être *pécunier.*

Cela dit, richesse de vocabulaire et construction des phrases sont des indices *culturels* ; celui qui n'a pas fait l'effort de maîtriser sa langue maternelle n'est vraisemblablement pas susceptible de beaucoup d'effort en général, ni bien sensible à la rigueur. N'en déduisons pas que celui au contraire dont l'éloquence brille soit obligatoirement efficace !

Mots fonctionnels et mots fossiles

Il est des mots (ou expressions) sans vrai contenu sémantique, mais qui assurent une autre fonction dans le discours ; ces parasites du langage sont éclairants, soyons-y attentifs. Quel besoin trahissent-ils ?
- Besoin de retarder ce qui sera significatif : euh, attendez, c'est une bonne question, à la limite, entre guillemets, au sens le plus large.
- Besoin d'être entendu et compris : écoutez ! d'accord ? OK ? (que certains prononcent « au quai » pour faire plus multinational).
- Besoin de ne pas heurter, de se montrer conciliant : si vous voulez, un petit peu, je crois que.

Chez certains, l'usage intensif de ces catégories de mots, à une époque où leur personnalité mal affirmée en avait besoin pour sur-

ᵡ Les éditions d'organisation

vivre, a formé de véritables tics, aussi pénibles que les « n'est-ce pas » de mon professeur d'histoire-géographie en seconde (nous faisions alors des comptages réguliers avec comparaison des résultats à la récréation).

Il est vraisemblable que ce professeur avait acquis ce défaut à ses débuts, alors que le trac le dévorait de devoir tenir attentifs et sages cinquante adolescents naturellement chahuteurs ; son « n'est-ce pas » avait alors vraiment le sens d'une demande d'approbation ; au fil des années, il avait bien sûr conquis son assurance, maîtrisé son trac ; mais le « n'est-ce pas » lui était resté, expression fossilisée, sans aucune fonction... que de nous faire rigoler.

Ne confondons donc pas les tics ou mots fossiles avec les mots parasites non fixés qui traduisent tel besoin au moment même de votre question.

Que ces mots parasites ne vous agacent surtout pas ! Au contraire, entendez-les sereinement ; à ma question « Que fabriquez-vous dans cet atelier ? », pourquoi diable répond-il « Si vous voulez, ce sont des ressorts », en quoi ma volonté (ou mon désir) joue-t-elle ici un rôle ? Cet *édulcorant* dans son expression est-il cohérent avec son affirmation générale de soi ?

Incidemment, permettez-moi, cher lecteur, de vous poser la question sournoise suivante : vous êtes-vous assuré (par l'enregistrement, par des questions posées à vos familiers) que vous ne souffrez pas vous-même d'un tic verbal ?

Qu'est-ce qu'un indice ?

Un indice de langage est une incohérence relevée entre ce qui est dit et la façon dont c'est dit. Nous verrons plus avant d'autres sources d'indices : ils se définissent toujours comme une incohérence.

Nous ne saurions rêver d'une table donnant une explication pour chacune de ces incohérences : ce n'est pas parce qu'il vient de dire *on* à la place de *je* que vous pouvez en déduire quoi que ce soit. **Un indice isolé n'a aucune valeur intrinsèque.**

En effet, nous l'avons bien vu tout à l'heure, pour expliquer un indice, j'ai pu imaginer quatre ou cinq raisons tout aussi plausibles les unes que les autres : il serait osé d'en isoler une pour lui accorder un caractère certain.

Mais alors, pourquoi devoir repérer ces indices s'ils ne signifient rien ? Attendons d'en avoir plusieurs (et même beaucoup !) pour les rapprocher, les critiquer, reconnaître les circonstances de leur apparition : c'est alors que nous commencerons à bâtir nos hypothèses.

Déjà, vous sentez que notre capacité d'observation s'affûte : naguère, nous nous contentions du fond de la réponse, maintenant nous nous intéressons en plus à son emballage.

Et ce n'est pas fini...

ⁱ Les éditions d'organisation

Chapitre 5

L'expression écrite

Ce n'est tout de même pas parce que l'entretien est une conversation que nous devrions nous priver du papier et du crayon. Bonaparte ne prétendait-il pas qu'un bon croquis en dit plus long qu'un long discours ? Et vous avez déjà une petite idée – nous en avons touché un mot en parlant de la filière Organisation – de l'utilisation que nous pouvons en faire.

J'ai été profondément marqué dans mes vertes années (je travaillais depuis un an) par un ingénieur en chef qui m'arrivait précédé d'une réputation colossale d'homme confus ; et il faut bien reconnaître que, durant plusieurs mois, bien prévenu que j'étais par les anciens, j'ai partagé ce sentiment... et n'ai rien compris à ce qu'il me disait.

Sa pensée avançait si vite qu'il interrompait chaque phrase au milieu d'un mot pour attaquer la suivante ; de plus, affligé d'une incisive noire, il plaçait sa main droite devant la bouche en parlant.

Le jour où il a décidé de me parler avec un crayon, j'ai reconnu qu'il avait du génie...

Je vous renvoie à la filière Organisation : faites toujours dessiner devant vous un organigramme, le schéma de principe d'un projet, qu'il soit technique, financier ou de marketing.

Sur sa feuille de papier, comment votre interlocuteur utilise-t-il l'espace ? Prévoit-il les dimensions pour occuper sainement la page ? Ou bien tout cela se recroqueville-t-il dans un coin ou au milieu ? Ou encore cela déborde, et il lui faut une autre page, ou un « cartouche », un rajout encadré, comme quand on place la Corse en face de Royan ?

Figure 4 : **Organigrammes**

a) b) c) Où se situe notre interlocuteur dans l'organigramme ? Qu'occulte-t-il et pourquoi ?

d) Pour mémoire : organigramme confus.

e) f) Comment notre interlocuteur identifie-t-il les cases de l'organigramme ? Qu'en déduisons-nous sur son sens conceptuel et son habileté de communication ?

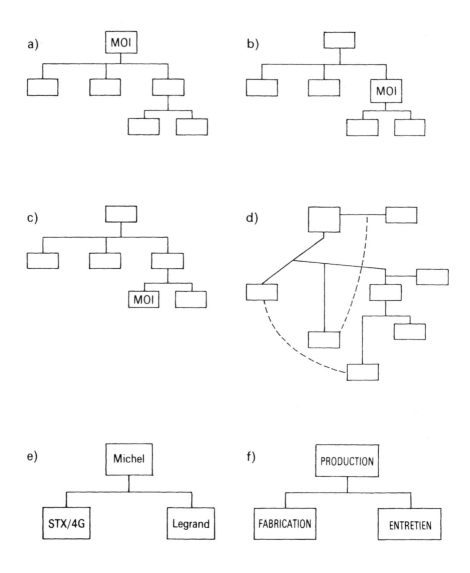

Quelle est sa sûreté ? Sait-il où il va ou doit-il réfléchir ? Se trompe-t-il ? Doit-il recommencer ou simplement apporter une légère correction ? Arrache-t-il plusieurs fois la page pour recommencer à zéro ?

Le dessin soutient-il bien le discours, en le clarifiant ? Ou bien tout cela devient-il de plus en plus confus, fouillis, brouillon ?

Se contente-t-il du dessin ou le complète-t-il par l'écriture ? En griffonnant ou en s'appliquant à être clair ? Les indications qu'il écrit alors sont-elles du domaine conceptuel (« directeur commercial »), concret (« M. Dupont ») ou ésotérique (« JCD ») ?

Le résultat est-il propre et clair, compréhensible, même pour qui n'aurait pas entendu les explications orales, ou bien un gribouillis inexploitable ?

Comme pour la construction des phrases, l'important, au bout du compte, c'est que vous ayez compris ! Et au-delà de votre compréhension, c'est que vous ayez observé comment il s'y est pris pour se faire comprendre.

Comparez maintenant ce « document » créé sous vos yeux avec un autre, que votre visiteur a pu s'appliquer à préparer : sa lettre, s'il vous a écrit, le dossier de candidature que vous lui aviez envoyé et qu'il vous a rapporté rempli, etc. Refaites les mêmes observations (utilisation de l'espace, clarté, erreurs et ratures, etc.) pour distinguer ce qui est dû à l'impromptu de l'exercice de ce qui est chez lui permanent.

L'expression écrite porte, elle aussi, ses tics et « comportements fossiles » comme le langage : ce sont les gribouillis et graffitis qui sont les exutoires du crayon (surencadrement des contours, lettrines ornées, ombrages, arabesques...) ; assument-ils une fonction dans ce type de communication ou trahissent-ils le désarroi de celui qui les trace ?

Que d'indices nouveaux nous apporte son crayon ! Conservons-en mémoire comme de ceux que véhicule sa voix, et laissons-les s'accumuler dans notre tête sans encore hasarder une tentative d'interprétation...

Chapitre 6

L'expression non verbale

Le langage articulé constitue un outil si puissant de communication (au moins entre locuteurs qui partagent le même idiome) que nous en sommes arrivés à penser qu'il est le seul.

Souvenez-vous pourtant du mythe de la tour de Babel : c'est pour punir les hommes de leur orgueil que le bon Dieu a inventé les idiomes propres à chaque nation, alors qu'auparavant ils parlaient tous le même « langage ». Qu'est-ce que cela peut signifier ?

Les anthropologues qui auscultent les débris fossiles des anciens représentants de l'humanité notent que seules les boîtes crâniennes d'*homo sapiens sapiens* (l'homme de Cro-Magnon, vous, et même moi) portent les empreintes du lobe cervical frontal gauche assurant la fonction du langage articulé ; celles d'*homo sapiens neanderthalis* (qui pourtant fabriquaient des outils perfectionnés en grande série) n'en portent pas trace ; et je ne vous parle pas de l'*homo transvaalensis,* qui n'a même pas droit à l'adjectif *sapiens* (quoiqu'il sache déjà usiner des outils !).

Observons le comportement de mammifères familiers comme nos chats ou chiens et constatons qu'ils communiquent entre eux, évidemment sans le support du langage articulé : ils savent exprimer la peur, l'agressivité, la faim, le désir sexuel, par des cris, des postures, des mouvements appropriés à leur espèce, communs à toutes les variétés (races) de l'espèce (mon chat de gouttière communique sans difficulté avec le siamois de ma voisine).

Pourquoi notre espèce *homo sapiens sapiens* ne jouirait-elle pas de la même propriété ? Je vous en donne un premier exemple : les hommes de toutes les nations rient pour exprimer leur joie (même les Chinois qui se réjouissent, aux enterrements, que le défunt ait enfin quitté notre vallée de misère pour un monde meilleur ; et même les hommes politiques qui se présentent aux suffrages, pour faire croire aux électeurs qu'ils sont heureux) ; c'est-à-dire qu'ils retroussent leurs lèvres pour montrer leurs dents. Voilà une forme d'expression spécifique (c'est-à-dire propre à notre espèce) puisque toutes les autres espèces montrent leurs dents pour exprimer au contraire l'agressivité !

Cette forme non verbale de communication est évidemment imprécise, abstraite même ; mon chat est capable de me dire « J'ai faim » mais incapable de préciser s'il préfère du foie ou du poisson !

Soyons convaincus que les hommes communiquent entre eux par des procédés autres que le langage articulé ; et tentons d'apprendre ce « langage », dans les deux sens, c'est-à-dire d'une part d'interpréter ce que l'autre nous « dit » et, d'autre part, d'être conscients de ce que nous lui « disons ».

Occupation de l'espace

Lorsqu'un chat du voisinage pénètre dans mon jardin (ça s'appelle un incident de frontière), mon chat réagit de la façon suivante : il se place en travers (afin que l'intrus le voie sous sa plus grande dimension), dresse la queue à la verticale, monte le dos en dôme et gonfle tout son pelage ; ainsi, il occupe le volume maximal dans l'espace... ce que décrypte parfaitement l'autre, qui décide de prendre la fuite.

Notre espèce « parle » aussi ce « langage » : avez-vous remarqué que les hommes grands et gros ont moins besoin d'éclats de voix que les petits maigres pour s'imposer ? Je mesure 1,90 m et pèse 91 kg ; si je reçois un visiteur de petit modèle, je sais qu'il monte ses défenses plus que si j'occupais moins de volume dans l'espace...

Nous pouvons définir autour de notre corps trois zones :
- la zone d'intimité, proche de notre corps, un cylindre de 50 cm de rayon environ qui contient tout ce qui peut entrer en contact avec nous ;
- la zone de préhension, un peu plus lointaine mais accessible en tendant le bras (disons 1 m de rayon), qui contient tout ce que nous pouvons toucher et prendre avec les mains ;
- la zone extérieure, au-delà de la zone de préhension.

Choisir une distance entre son corps et celui d'autrui constitue déjà une forme de communication, puisqu'on exprime ainsi son intention (extérieure, préhension ou intimité) sans toutefois que l'on puisse encore en déduire si cette intention est amicale ou agressive.

Il y a une cohérence entre une situation sociale, les paroles prononcées (avec le ton et le volume sonore) et la distance choisie pour communiquer, et toute incohérence mérite d'être retenue comme indice ; je ne saurais plaquer mon corps contre celui d'une visiteuse inconnue dans mon bureau pour lui demander en quelle année elle

Figure 5 : **Le corps « communique » en occupant l'espace**

Nous définissons autour de notre corps des zones de communication spécialisées : la *zone d'intimité,* propice aux confidences, à la tendresse mais aussi à la lutte ; la *zone de préhension,* intermédiaire puisqu'elle contient tout ce qui peut être pris, donc rapproché ou éloigné de l'axe du corps ; enfin la *zone extérieure.*
La distance optimale d'entretien correspond à la limite de la zone extérieure.

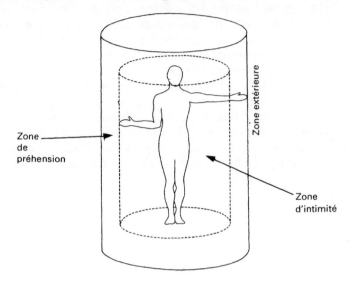

Figure 6 : **Le choix de la distance de communication
est déjà une façon de communiquer**

En position assise, le basculement du tronc est la seule façon de faire varier la distance de communication. A partir des postures 1 (neutralité), observons les mouvements : en 2 et 3, les protagonistes sont d'accord (symétrie des positions) pour l'éloignement (2) ou le rapprochement (3) ; alors qu'en 4, la dissymétrie nous montre que le personnage de droite cherche à pénétrer dans la zone d'intimité du personnage de gauche, ce que ce dernier refuse.

L'absence d'autres informations (texte, mimiques) ne nous permet toutefois pas d'imaginer les intentions (amicales ou agressives) des interlocuteurs.

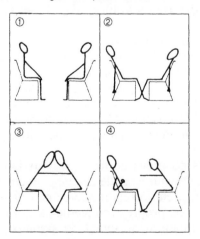

© Les éditions d'organisation

est devenue chef comptable ; en revanche, la même attitude dans le métro à 18 heures ne m'a jamais rapporté de gifles.

Dans la situation d'entretien qui nous est la plus usuelle, nous sommes assis face à face ; mais la distance est choisie par notre interlocuteur (par nous aussi, d'ailleurs) puisqu'il a la latitude d'approcher ou reculer sa chaise ; adopte-t-il alors une position normale de communication (à l'extrémité de la zone de préhension), excessivement intime (il pénètre dans votre territoire) ou excessivement extérieure ?

La physique nous montre toutes sortes d'intensités (gravitation, flux lumineux, champ électromagnétique...) qui varient *en raison inverse du carré de la distance*. Et s'il existait une **intensité de la communication** obéissant à la même loi ? Augmenter la distance réduirait l'intensité, la raccourcir l'augmenterait, indépendamment de la charge affective (amicale ou agressive) de cette communication.

De même, durant la conversation, observons la position et les changements de position du torse (puisqu'il est rare de déplacer ensuite sa chaise) ; quelles sont ses tentatives d'avancer le tronc (pénétrer dans la zone d'intimité) ou de le reculer (fuir dans la zone extérieure) qui expriment donc autant de variations dans les intentions de communication, qu'il nous faut mettre en corrélation avec ce qui se dit par la voie du langage articulé.

Postures des membres

Bras et jambes « parlent », eux aussi.

Ils expriment notamment avec clarté deux paramètres bien différents de la qualité de communication :
  – fermeture-ouverture : croiser, décroiser bras et/ou jambes ;
  – activité-passivité : c'est ici le tonus musculaire qui est en jeu (on peut être ouvert et tendu, comme fermé et mou, et vice versa).

Il y a donc quatre cas possibles, avec bien des nuances intermédiaires.

Souvenons-nous de la fragilité de l'être humain, seul dans la création à se retrouver aussi démuni de défenses physiques naturelles : un cuir étonnamment mince, pas de carapace, ni griffes ni crocs ni cornes (qui vient de dire quelque chose à propos des cornes ?) : il est probable que des gestes protecteurs comme croiser les bras sur la poitrine, sont inscrits dans nos chromosomes. Je remarque d'ailleurs dans la rue des jeunes femmes qui marchent dans cette position, jamais des garçons, ni des dames âgées.

Comme pour les positions du tronc, il nous faut être conscients de ce qu'expriment les membres et de ce que peuvent exprimer des modifications de postures, en corrélation avec ce qui se dit verbalement.

Pensons aussi à nos propres mouvements qui transmettent à notre interlocuteur inconsciemment autant de signaux ; c'est ainsi que sa fermeture active des bras combinée avec le rejet en arrière du tronc peut n'avoir aucun rapport avec ce qui se dit... mais en revanche être la conséquence de notre propre posture trahissant un manque d'écoute ou une agression.

Gestes d'appui

Ne croyez surtout pas que seuls les Méditerranéens parlent avec les mains ! C'est le cas de tout le monde, notamment dès que vous avez su créer le rythme animé de la conversation ; l'apparition des gestes d'appui au discours est d'ailleurs l'une des marques que vous avez atteint votre objectif en la matière.

Observez que les gestes d'appui se placent « instinctivement » sur les accents toniques du discours ; prononcez vous-même (avec le ton et l'entrain voulus) la phrase suivante : « J'enfile mon ves*ton*, je mets mon cha*peau*, et je *cours*, je *cours*, je *cours* ! »

Constatez que vos mains viennent frapper l'air sur les syllabes toniques ; essayez maintenant, avec force de volonté, de placer les gestes d'appui sur des syllabes non toniques (le *j'en* de j'enfile, le *ves* de veston, les quatre *je* ou le *cha* de chapeau), c'est presque impossible : ou bien votre main refuse, ou bien votre voix déplace l'accent, et vous prononcez *cha*peau).

Maintenant, il faut savoir que l'accent tonique ne se place en français sur la dernière syllabe sonore qu'en théorie ; un artifice de rhétorique connu consiste à le déplacer (donc à commettre une faute de diction) pour mettre un mot en valeur, pour attirer l'attention. Faites l'expérience en prononçant la phrase suivante de deux façons :

« Ecoutez *bien* mainte*nant*, car c'est impor*tant*. »

« *E*coutez bien... *main*tenant, car c'est... *im*portant. »

Les orateurs professionnels – nos hommes politiques par exemple – usent volontiers de cet artifice de langage qui revient à mettre en italique ou en gras le mot significatif.

Constatez maintenant dans ces deux prononciations de la même phrase :

a) que la deuxième prononciation, bien « qu'artificielle », exprime mieux que la première votre volonté d'attirer l'attention, d'obtenir l'écoute active ;

b) que vos mains appuient les accents *prononcés* et non pas les accents *théoriques*, comme si un programme nerveux reliait vos mains à votre gosier dans un synchronisme naturel, instinctif.

L'observation des gestes, de leur synchronisation avec la parole, de leur amplitude vous permet, si vous êtes attentifs, d'accorder aux paroles une « note d'authenticité ».

Il n'est plus grand menteur qu'un acteur (il dit « je » en parlant du personnage qu'il représente, s'attribue ses sentiments et ses

ℑ Les éditions d'organisation

actions...) ; le plus difficile, dans l'art dramatique, n'est pas d'apprendre par cœur des textes et de les dire « avec le ton », mais de bouger avec des gestes qui disent la même chose que la bouche ; c'est pourquoi la plupart des acteurs moyens rejouent indéfiniment le même type de personnage, dans d'autres ils ne seraient pas crédibles.

Un autre grand menteur est l'espion qui se fait passer pour transfuge ; et il paraît (je n'en ai pas la pratique) que c'est en filmant ses gestes et en les mettant image par image en corrélation avec ses paroles qu'on arrive à détecter ses mensonges, alors qu'il est incollable sur son faux curriculum vitae, tant il l'a répété, tant il a acquis les réflexes de répondre spontanément aux questions.

Soyons donc bien attentifs à la synchronisation des gestes d'appui sur la parole, à la corrélation entre leur amplitude et leur tonus d'une part, et ce qui se dit, caractérisé à la fois par le sens et le volume des accents, d'autre part.

Gestes parasites

Comme nous avons détecté des tics dans le langage et des gribouillis dans l'écrit, nous trouvons des gestes parasites (et plus rarement de vrais tics, car chacun se voit plus souvent qu'il ne s'entend, et donc peut se corriger plus aisément), avec les mêmes fonctions ou utilités.

Les tremblements plus ou moins convulsifs trahissent l'anxiété ; méfiez-vous des gens qui contrôlent bien leurs mains : pouvez-vous voir leurs pieds ?

Mais il faut déjà éprouver une forte émotivité pour se mettre à trembler ; tripoter sa bague ou un crayon, se caresser les joues, les avant-bras (et même le décolleté, pour les dames) sont des exutoires répandus : interprétez-les comme : « la situation actuelle m'est pénible, merci d'essayer d'arranger ça ». Pourquoi donc est-elle ressentie comme pénible, vous demandez-vous alors ? Qu'ai-je dit ou fait ?

Je ne suis pas loin de penser que chez les primates que nous sommes, la caresse – simulation d'invite sexuelle – est un comportement instinctif pour désarmer l'agressivité d'un congénère. Allez au zoo observer les singes (écartez les enfants du premier rang, c'est sérieux) ; vous allez voir vingt fois un petit aller piquer effrontément la banane d'un gros ; d'où poursuites homériques et hurlements. Au moment d'être rejoint et de recevoir la raclée de sa vie, que fait le petit ? Il se présente en position d'accouplement... et le gros laisse tomber ; on se demande même s'il ne va pas hausser les épaules ! Ce comportement est constant, quel que soit le sexe des protagonistes...

Exercez-vous à repérer les petits gestes parasites de votre visiteur et de votre entourage et à vous demander quel signal inconscient ils peuvent porter ; pourquoi ma femme vient-elle de passer sa paume sur son front ? Pourquoi mon plombier m'écoute-t-il la main devant la bouche ? Veut-il, sans le savoir même, me communiquer quelque chose ?

Mimiques

Notre visage comporte des centaines de muscles, qui ne servent à rien d'autre (sauf les moteurs des paupières et de la mâchoire, qui assurent une « vraie » fonction organique) que nous conférer une multitude de nuances dans l'expression ; pensons à toujours bien observer les mimiques de l'autre, à toujours mettre son expression en corrélation avec ce que nous venons de dire ou faire et ce qu'il dit. Y a-t-il cohérence ? Relation de cause à effet ?

Et comme « l'œil est le miroir de l'âme », analysez toujours les mouvements du regard.

Voilà encore un caractère comportemental spécifique de l'*homo sapiens sapiens* : il regarde son interlocuteur dans les yeux en lui parlant. Notez que les autres animaux fuient le regard de leurs congénères, se regarder dans les yeux étant chez eux un signal d'agression !

Dans notre espèce, un regard qui fuit est synonyme d'extrême timidité... ou d'hypocrisie mal affirmée (l'hypocrite bien affirmé ose regarder dans les yeux).

Mais le regard peut monter au ciel (marque de réflexion intellectuelle), piquer à terre ou se fixer latéralement (marque plutôt de malaise à assumer).

Oral non verbal

Il existe des éléments de communication émis par la bouche et la voie acoustique mais qui appartiennent néanmoins au domaine non verbal ; c'est le langage non articulé, ce sont les grognements et exclamations, et nous pouvons même y rattacher les modulations et la dynamique du langage (accents, silences...).

Certains ponctuent le langage articulé de façon aussi expressive que les gestes d'appui, et nous les analysons de la même manière (cohérence, synchronisme, amplitude) ; d'autres sons ont pu avoir autrefois cette fonction et ont dégénéré depuis en tics, par le phénomène de *fossilisation* des micro-comportements auquel nous avons déjà fait allusion.

Je n'ai pas la prétention de vous enseigner ici toutes les finesses du langage hominien prébabélien, que je ne maîtrise d'ailleurs qu'imparfaitement ; en revanche, je vous encourage à exercer votre faculté d'observation.

ᵡ Les éditions d'organisation

Conclusion sur les indices

Naguère, nous nous contentions de saisir le **sens** des réponses de notre visiteur. C'était ce qu'on pourrait appeler le **premier niveau de l'écoute.**

Nous venons d'enrichir de façon importante notre capacité d'écoute en faisant porter également notre attention sur le langage, l'écrit et le non-verbal : **d'une unique source d'observations, nous sommes passés à quatre !**

Lorsque ces sources « disent » la même chose, nous n'avons rien de particulier à retenir. Mais dès que surgit une **incohérence** entre deux ou plusieurs de ces sources, nous tenons un *indice*, dont il faut se souvenir.

Votre visiteur affirme : « J'ai pris mon pied à nous faire certifier ISO 9001 », mais son visage n'exprime pas du tout l'extase, ou « J'aime les choses claires », alors que son croquis est infâme. Toute incohérence apporte un *indice*, et il faut donc se montrer suffisamment attentif pour ne pas les laisser passer. C'est d'ailleurs parce que vous êtes attentif – et donc fortement conscient de l'incohérence observée – que vous allez vous souvenir de l'indice.

Mais il ne faut pas non plus accorder à un indice une importance exagérée : **un indice isolé n'a aucune valeur intrinsèque,** et nous commettrions une faute grave en voulant assimiler un indice à une interprétation.

Tentons de répondre à la question : pourquoi le visage de ce responsable Qualité exprime-t-il l'ennui ?
- parce qu'il ment et n'a éprouvé aucun plaisir à conduire ce projet ?
- parce que l'entreprise a échoué à l'audit de certification ?
- parce que, après qu'il ait mené à bien ce projet, on n'avait plus besoin de lui ?
- parce qu'il préférerait faire désormais autre chose ?
- parce qu'il a mal aux pieds ?

Vous sentez bien que, **si vous n'avez rien d'autre** (indice isolé), toutes ces réponses (et vraisemblablement d'autres encore) sont également plausibles et que vous n'avez donc pas le droit d'opter pour l'une plutôt que pour l'autre.

En revanche, si vous disposez de **beaucoup d'informations et indices,** peut-être l'une de ces réponses serait-elle plus probable que toutes les autres : toutefois, elle ne sera pas encore une certitude mais une **simple hypothèse.**

Il nous reste donc un bout de chemin à parcourir. Mais avant de reprendre notre route, examinons les moyens de provoquer des signaux et indices éclairant chacune des zones de la personnalité.

ᵡ Les éditions d'organisation

Chapitre 7

Découverte
des caractéristiques intellectuelles

Le mot « intelligence » ne parle hélas pas de lui-même ; il recouvre des aptitudes tout à fait différentes, à telle enseigne que l'on peut indifféremment dire d'un individu qu'il est « intelligent » parce qu'il offre un bon équilibre de ces aptitudes ou parce qu'il présente une dominante forte sur une d'entre elles.

Rappelez-vous le héros de *Rain Man* : jugé sur ses performances mathématiques et mnémoniques, il est très intelligent ; et dans son comportement social, il est tout à fait fou ! Voilà un bon exemple de notre impératif de toujours observer notre interlocuteur sous des angles variés pour ne pas percevoir de lui une image infidèle.

Passons en revue les principales caractéristiques intellectuelles afin de découvrir les moyens d'investigation appropriés, en commençant par les plus simples à percevoir.

Analyse

C'est la faculté de décomposer un ensemble complexe en éléments simples ; il va donc nous falloir faire procéder notre visiteur à cet exercice, mille occasions s'y prêtent.

Comme il vient de dire qu'il y a 25 personnes dans son équipe, vous lui demandez le rôle de chacun (filière Organisation). Comment procède-t-il ?

Par exemple du plus global au plus élémentaire, en progressant donc par sous-ensembles successifs (c'est le bon procédé d'analyse) : « Me sont rattachés directement trois collaborateurs : l'un pour le service ventes France, le deuxième pour le service export, le troisième pour l'administration des ventes. Aux ventes France... » Notez les hésitations, les retours en arrière, les corrections.

Comptez au fur et à mesure : le total fait-il 25 ?

Observez *a contrario* que le bon analyste descend jusqu'au bout de son analyse, ne laisse rien inexploré et compte lui-même, car il s'autocontrôle.

Tout ensemble est susceptible d'analyse : un catalogue de produits, un chiffre d'affaires, un plan social, un moulin à café... Vous n'avez que l'embarras du choix.

Synthèse

Ce n'est pas du tout l'opération inverse de l'analyse, comme en chimie ! La synthèse ne consiste pas à rassembler des éléments épars en un tout plus ou moins cohérent, c'est *l'art de distinguer ce qui est important et ce qui est secondaire*, de voir la forêt et non pas des arbres.

Vous allez donc amener notre visiteur à se livrer à l'exercice (redoutable) du résumé ; là aussi, bien des occasions s'offrent à vous : « Qu'est-ce qui vous a marqué dans mon annonce ? » « Que vous a raconté notre responsable du recrutement sur notre affaire ? » « Qu'est-ce qui vous semble important dans mes explications sur ce poste ? »

Bien sûr, cet exercice n'est payant qu'en terrain connu de vous ; ne lui demandez pas de résumer sa vie, ni le projet d'entreprise de son patron !

Observez la rapidité de la synthèse ; le non-synthétique atermoie, hésite devant l'obstacle et se perd dans les détails ; le synthétique va droit au but. Qu'il réponde par un seul mot ou qu'il commence par « Trois choses : a), b), c) » , vous sentez qu'il a synthétisé.

Même si ce qui lui semble important n'est pas ce qui vous paraît tel ! Car là, c'est une question de jugement et non plus de synthèse...

Ainsi à votre question : « Qu'est-ce qui vous paraît essentiel dans ce poste ? », la jeune candidate secrétaire vous répond sans hésiter : « L'entreprise est tout près du RER ligne A ». Le fait qu'elle ait trouvé spontanément une unique réponse vous fournit un indice positif sur sa capacité de synthèse. Sa réponse vous paraît naïve ?

Cela signifie que son jugement est différent du vôtre sur ce point, et elle vous fournit des indices sur son égocentrisme comme sur sa médiocre intelligence de la situation ; mais cela ne remet pas en cause son esprit de synthèse.

Notez que, pour être synthétique, il faut prendre de la hauteur de vues (sinon, on reste obnubilé par les détails) ; la faculté de synthèse s'accompagne ainsi ordinairement de celle de *prévision*.

Vous pouvez donc utiliser cette propriété caractéristique et faire prévoir après avoir fait résumer (par exemple, envisager ce qui risque de lui arriver à moyen terme s'il reste dans son entreprise, en argumentant les hypothèses).

La *prévision* n'est pas la *divination*, c'est une aptitude intellectuelle complètement rationnelle, qui consiste comme on dit à voir les choses de haut. Vous êtes en avion et observez en dessous de vous une ligne de chemin de fer unique qui franchit une colline ; comme vous voyez, à gauche et à droite de la colline, deux trains qui se dirigent à vive allure l'un vers l'autre, vous *prévoyez* la collision et même son instant exact. Alors que les conducteurs, trop près du sol, en sont incapables. Cela n'a rien à voir avec les tarots ou le marc de café.

Abstraction, conceptualisation

S'il est vrai que la tendance naturelle de nos visiteurs est de s'exprimer en termes abstraits (souvenez-vous du mal que nous nous sommes donné pour parler concret), cela ne signifie pas qu'ils brillent par leur faculté de conceptualisation, qui est l'art de construire une idée claire avec des matériaux *abstraits*.

Comme vous êtes certains de recevoir à un moment ou à un autre de l'entretien un mot abstrait, un concept donc, ne serait-ce qu'à l'occasion d'une tentative de complicité (les contactezhumains, la politique générale, la mondialisation...), profitez-en donc pour lui en demander sa définition en une seule phrase.

Premier cas de réponse : « Euh, c'est-à-dire, bonne question, et je vous remercie d'avoir pensé à la poser, hihihi, je vais d'ailleurs y répondre, pour être bref et néanmoins complet, je dirais que, au sens le plus large du terme... »

Il retarde au maximum le moment de plonger (vous restez muet, bien entendu), puis aligne les propositions, avec des incises et des retours, des adjectifs et des adverbes, n'arrive pas à placer le point final...

Les alexandrins de Boileau que j'aime traversent votre crâne de façon douloureuse.

Deuxième cas de réponse : « Le marketing, cher monsieur ? C'est l'ensemble des méthodes scientifiques qui permettent de créer, de promouvoir et de distribuer des produits ou des services de façon rentable. » Et vlan, comme ça, sans hésiter.

Mais si c'était une phrase apprise par cœur, celle du livre de classe, celle lue hier dans un best-seller, celle que répète le patron à la réunion de chaque lundi matin ?

Alors vous le déstabilisez par une question de provocation, en demandant d'un air entendu : « Qu'avez-vous oublié d'important ? » Et vous êtes ramenés au problème précédent.

Notez que vous aviez déjà votre petite idée : quand vous lui avez fait dessiner l'organigramme tout à l'heure, qu'avait-il écrit dans les cases ? Des noms de famille, des initiales ésotériques ou des noms de fonction, souci de conceptualiser pour mieux communiquer ?

A propos de votre question machiavélique sur ce qu'il a oublié d'important dans sa réponse conceptuelle : si, au lieu de se lancer dans un discours confus, après réflexion sourcils froncés, il déclare : « Je ne vois vraiment pas à quoi vous pensez... », vous risquez de vous sentir tout bête. Alors, souriez gentiment, avouez « Moi non plus » et passez à autre chose.

Concrétisation

Non, ce n'est pas le contraire de la conceptualisation ! Car à l'intérieur du discours conceptuel, vous distinguez bien celui qui illustre son propos d'exemples, de comparaisons, qui cite des noms (de gens, de lieux, de produits, de machines...), qui *matérialise* donc ses idées et son raisonnement, de celui qui nage dans l'euphorie de la langue de bois.

C'est bien sûr avec des filières comme les tâches ou les événements que vous auscultez au mieux les facultés de concrétisation.

Mais en vérité, je ne sais pas si elles sont de nature intellectuelle ou bien une caractéristique sociale, analogue à un souci de bonne communication.

En revanche, pour celui qui n'est à l'aise que dans le concret matériel et qui bafouille dans le maniement des spéculations abstraites, allez inventorier dans ses autres caractéristiques tant l'égocentrisme que le sens de l'argent : c'est peut-être un indice de matérialisme au sens de l'attachement aux biens matériels.

ᵡ Les éditions d'organisation

Mémoire

Vertu précieuse que la mémoire ; ceux qui prétendent qu'elle n'a rien à voir avec l'intelligence commettent un faux sens, car ils confondent intelligence et raisonnement ; la mémoire est l'une des composantes importantes de nos performances intellectuelles, nous devons donc l'observer et l'évaluer.

Sous prétexte d'obtenir des précisions sur sa carrière, demandons des détails circonstanciels, quelle que soit la filière utilisée et notons l'aisance à se souvenir d'un nom (de chef, de collègue, de client, de subordonné), d'un lieu, d'un chiffre.

N'oublions pas que notre mémoire n'est pas généraliste : tel qui récite des vers par cœur ne se souvient pas de son chiffre d'affaires de l'an passé ou du nom de son dentiste ! Il nous faut donc « balayer » le champ mnémonique (séparer au moins les choses des noms et des chiffres).

Les hommes mûrs se souviennent mieux des événements vécus durant leur adolescence que de ceux de l'an passé ! Ne remontons pas trop loin dans le temps : 5 ans est parfait pour cet usage.

Ne tirons enfin aucune conclusion hâtive d'un « trou » de mémoire isolé : nous rencontrerons d'autres occasions de multiplier les questions dans le champ soupçonné faible.

Intuition

Cette faculté tout à fait magique, dont les femmes prétendent avoir le monopole, consiste à connaître la vérité sans passer par la mécanique méthodologique du raisonnement. Il s'agirait donc d'un sixième sens ; rien ne sert d'ironiser, puisque l'expérience prouve que ça existe, ce qui ne signifie pas que nous soyons bien armés pour la détecter.

S'il s'agit bien d'un sens (quel que soit son numéro), l'étymologie me fait penser à « sensibilité » comme à « sensualité ». Et il me paraît évident qu'il vaut mieux confier la mise au point d'une formule de mayonnaise à un collaborateur au sens gustatif développé et vicieusement gourmand qu'à un inerte de la langue et du palais.

Combien de fois avez-vous entendu l'expression : « Untel n'est pas bien fûté, mais il a le sens de l'argent (ou du temps, ou de la relation, ou d'autre chose) », comme si Untel jouissait d'une faculté sensorielle supplémentaire.

Ce qui n'est pas vraiment faux, même si Untel ne dispose pas d'un organe physique comparable au nez ou à l'oreille pour percevoir l'argent ! Mais prenons l'exemple de l'ouïe : je vois au concert des gens qui pleurent (preuve que leur ouïe leur procure des sentiments intenses) alors que d'autres prennent simplement plaisir (ou s'ennuient carrément) ; cette faculté de ressentir des émotions supérieures à la moyenne (et donc cette « sensibilité du sens » qui entraîne aussi la faiblesse du seuil de douleur) se retrouve chez celui qui a le sens de l'argent (il ressent plus de douleur qu'un autre à en perdre, plus de plaisir à en gagner) ou celui du temps (la simple pensée d'être en retard le bouleverse).

Continuons notre comparaison musicale sous un autre angle : on appelle « oreille absolue » la faculté de conserver mémoire de la hauteur du son à 440 Hz – étalon international correspondant à la note la3 –, de la reconnaître au passage et de l'émettre avec une précision voisine de 2 %.

Eh bien, cette faculté mnémonique qui sort de l'ordinaire va se retrouver transposée chez celui qui a le sens de l'argent ou du temps ou de telle autre grandeur plus ou moins conceptuelle. Ce qui signifie en clair qu'il est inutile d'espérer le sens de l'argent chez celui qui ne se rappelle pas son chiffre d'affaires d'il y a deux ans. Et pour celui qui a déjà prouvé sa bonne mémoire de la chose, traitez-la donc comme un thème à contenu émotionnel.

Mais l'intuitif (ou pire celui qui s'estime tel) qui ne conforte pas son sentiment par le raisonnement, qui fait donc une foi aveugle à son don, présente des dangers permanents. Méfions-nous des expressions comme « je le sens » ou « j'ai du flair ».

Ce sont les propriétés caractéristiques de ces « sens » particuliers (pouvoir de mémorisation, faculté de créer des émotions intenses) qui vont vous permettre de les détecter lors de l'entretien ; et vous connaissez les filières et questions qui vous permettent d'aller investiguer ces deux aspects (mnémonique et émotionnel) de la personnalité.

Raisonnement

C'est l'application des lois de la logique, et je vous renvoie à votre cours de philo de terminale qui en dit suffisamment sur la question.

Le raisonnement déductif peut se ramener à la forme générale du syllogisme : si A appartient à B et si B appartient à C, alors A appartient à C. Un syllogisme raté (l'homme descend du singe, le singe descend du cocotier, donc l'homme descend du cocotier) est un sophisme.

Le raisonnement inductif passe, quant à lui, par l'imagination, puisque nous formulons une hypothèse sur la loi qui relie les événements, hypothèse qu'il convient ensuite de vérifier. Lorsque voyant tomber une pomme, vous songez à l'attraction des astres, vous êtes inductif ; si vous cherchez une casserole et du sucre pour préparer une compote, vous êtes plutôt déductif.

Jugement

Voilà sans doute la plus délicate de nos performances intellectuelles ; en effet, nous courons toujours le danger de comparer le jugement de l'autre au nôtre, de le trouver bon s'ils coïncident et mauvais s'ils divergent ! Or ce genre de référence nous est totalement interdit.

En vérité, nous n'avons accès qu'à deux composantes du jugement.

La première concerne la méthodologie du jugement : notre visiteur, invité à juger (la question ouverte est « Que pensez-vous de tout ça ? »), rassemble d'abord les informations (ou bien ne l'estime pas nécessaire !) ; observez bien les champs d'intérêt que trahissent ses questions.

La seconde concerne la force de caractère, l'audace à oser dire son jugement... ou à prendre la fuite derrière quelques banalités.

Quant à savoir si son jugement est bon...

Bon sens

La qualité du jugement s'approche par le bon sens, la chose du monde la mieux partagée, prétendait Descartes, voulant dire par là qu'il est indépendant des études que l'on a pu faire et de notre appartenance sociale, ou bien que chacun s'en croit un bon dépositaire !

Notre accès le plus immédiat au bon sens est celui des ordres de grandeur ; une affirmation comme « on a décuplé le chiffre d'affaires » attire obligatoirement de votre part la question : « il est passé de combien à combien ? » pour entendre... qu'on ne sait plus... ou bien de 1 à 1,5 MF !

Curiosité

Le besoin de savoir est certainement plus un instinct qu'une caractéristique intellectuelle, mais comme il s'applique avant tout au cerveau, traitons-en ici. La curiosité est le premier ressort naturel de l'étude et de l'apprentissage, elle est donc une vertu fondamentale que nous devons découvrir.

Ne croyez surtout pas qu'elle soit plus répandue dans la jeunesse – qui a encore tout à apprendre – que dans l'âge mûr ; au contraire, l'étudiant apprend de façon « passive » en appliquant une méthode reçue ; quant aux enfants, vous avez déjà remarqué qu'ils savent tout !

La curiosité a deux dimensions : une largeur et une profondeur.

Par *largeur*, j'entends le nombre des centres d'intérêt : tel ne s'intéresse qu'à son travail, tel autre à son travail et à sa famille, tel troisième en plus au tennis ; ne manifester de la curiosité que dans un ou trois centres d'intérêt, c'est ne pas être curieux ! Combien de gens montent dans un ascenseur et, pour presser le bouton, *voient* la plaque du constructeur *sans lire son nom* ; cela me rend malade...

Par *profondeur*, j'entends, pour un centre d'intérêt donné, le nombre de questions-réponses nécessaires avant que la curiosité ne soit assouvie. Tel se contente d'une seule précision, tel autre ne s'arrête de questionner que parce qu'il craint de vous importuner. Comme vous savez aussi bien que moi que la connaissance (et donc la compétence) ne vient que par les questions qui sont posées, encouragez toujours le timide à vous questionner encore : « Ne souhaitez-vous rien savoir d'autre ? » Et tant pis s'il demande des précisions sur les tickets de cantine ou la caisse de prévoyance.

Créativité

Partant du principe que Newton aurait sans doute fait un détestable directeur commercial et Mozart un abominable directeur d'usine (mais Léonard de Vinci a fait un excellent directeur de projet, puisque le palais de Chambord est toujours debout !), ne confondons pas créativité et génie.

Pour les besoins de l'entreprise, la créativité consiste tout simplement à sortir de façon profitable des sentiers battus ; la plupart du temps en appliquant une idée parfaitement connue à un domaine nouveau : la baratte fonctionnait depuis toujours lorsqu'on a inventé la machine à laver le linge.

Dès lors, vous devinez que la créativité impose de s'intéresser non pas à un sujet unique, mais au contraire à tout *(largeur du champ d'intérêt)* ; à cet égard, le créatif s'oppose au « polar », le spécialiste en profondeur d'un domaine étroit. Les symptômes de cet état d'esprit se révèlent dans ses traces « culturelles » (votre interlocuteur, qui œuvre dans le moteur Diesel, « sait des choses » en textile, en plastique, etc.) et encore plus dans l'attitude curieuse active de notre interlocuteur (qui n'en sait jamais assez sur vous, sur vos produits, sur vos procédés, etc.) ; mais sa timidité ou son savoir-vivre peut freiner sur ses lèvres les questions qui lui brûlent la langue.

Une telle disposition d'esprit ne se restreint que rarement aux choses de la technique, sa curiosité s'applique à tout. La *richesse de son imagination* se trahit dans son discours par des mots rares (bien que non jargonnesques), des métaphores inattendues et donc fortes (le créatif est ennemi du cliché), des narrations d'initiatives qu'il a prises et qui sortent de l'ordinaire (le créatif déteste la routine... mais tout ennemi de routine n'est pas un créatif !).

Cela dit, nous ne pouvons pas réduire la créativité à cette curiosité et à cet éparpillement des centres d'intérêt, car nous tomberions sur le dilettantisme. Notre interlocuteur doit, de plus, prouver sa faculté à transposer d'un domaine dans un autre comme à combiner des choses qui, à première vue, n'ont rien à faire ensemble.

Ce qui nous ramène, pour une bonne part, aux caractéristiques de *synthèse* et de *conceptualisation* déjà évoquées.

Mais ce n'est pas encore tout ; cette combinaison ou cette transposition doivent, de plus, s'avérer *utiles* : un farfelu comme le Pr Nimbus ne nous intéresse pas ; nous retrouvons donc là le sens du concret, que nous avons déjà rencontré, d'un concret tout à fait matérialiste (le goût égocentré du rentable, du profit, de l'argent). Le créatif utile met au point et termine ses projets alors que l'imaginatif brouillon en entame vingt qu'il laissera en plan, par amortissement de son enthousiasme initial.

J'ajoute encore – vous voyez que la créativité est loin d'être une caractéristique simple – qu'il y faut de *l'audace* (qui est une caractéristique vitale et non plus intellectuelle) pour oser ce qui n'a jamais été tenté ; et n'oublions pas que l'âge et l'expérience finissent par tempérer les audaces les plus folles...

Pour détecter la créativité, il nous faut donc « balayer » toutes ces composantes par un bon nombre de questions ouvertes.

A contrario, ne croyez surtout pas que votre visiteur est créatif parce que la solution qu'il déclare avoir trouvée à son problème vous semble originale ! Primo, vous n'êtes pas sûr qu'elle soit de lui (encore qu'avec une bonne analyse verbale, vous pouvez en avoir un fort soupçon). Secundo, et surtout, parce que vous feriez intervenir là votre propre jugement sur la valeur de ladite solution, terrain sur lequel vous n'avez pas à prétendre être compétent.

Intelligence sociale

A la frontière des caractéristiques intellectuelles et des caractéristiques sociales se situe l'intelligence de la relation avec les gens ; elle repose sur les mêmes composantes (analyse, synthèse, etc.) mais s'applique à autrui au lieu de s'appliquer à des choses, des idées, des mécanismes.

Comprendre une situation, prévoir le comportement d'autrui en fonction de ce que l'on sait déjà et de ce que l'on va faire, agir en conséquence pour provoquer adhésion, agression, fuite, etc., l'intelligence sociale est la base du succès du négociateur.

Elle n'est pas bien difficile à percevoir : écoute-t-il quand je parle, comment utilise-t-il les informations que je lui ai données, comment en acquiert-il de nouvelles ?

Une forme exacerbée de l'intelligence sociale est l'*empathie*, propriété qui consiste à se « mettre dans la peau de l'autre », à sentir et raisonner comme lui, à faire siennes ses motivations et ses valeurs... Permettant donc de « deviner » ce qui va se passer sans le mécanisme du raisonnement, l'empathie ressemble bien pour l'intelligence sociale à ce qu'était l'intuition pour l'intelligence tout court.

Nous allons voir tout cela plus en détail au chapitre suivant.

Chapitre 8

Découverte
des caractéristiques socio-affectives

Il paraît que l'homme est un animal social ; j'en connais d'autres, depuis les herbivores en troupeau jusqu'aux insectes qui faisaient l'admiration de Maeterlinck, qui le sont encore plus, puisqu'il sont programmés en ce sens par la nature ! Ce qui est sans doute plus efficace pour le bon fonctionnement des entreprises, voir *Le meilleur des mondes*, ce roman où Aldous Huxley imagine une société dont les êtres humains ont été programmés pour des tâches précises. Mais ne rêvons pas à une hypothétique usine à fabriquer des candidats ! D'ailleurs, ce meilleur des mondes s'écroule à la fin du roman...

En ce qui concerne notre objet (pronostiquer la réussite professionnelle), les caractéristiques sociales, qu'elles soient innées ou acquises, se ramènent à quelques dimensions en faible nombre ; avec, en revanche, des nuances infinies, tant il est vrai que le comportement de notre homme dépend non seulement de ses propres caractéristiques mais aussi de celles des autres.

Egocentrisme et exocentrisme

C'est ce qui est, au cours de l'entretien, le plus facile à percevoir, et nous y avons mille occasions.

L'analyse verbale nous fait détecter, nous le savons, toute hypertrophie du *moi*, qui vous donne des soupçons forts d'égocentrisme : c'est l'usage excessif du « moi, je ».

Remarquez que tout thème impliquant, par exemple un thème à contenu émotionnel, et c'est le cas encore de nombreux mots complices, vous amène à une analyse ouverte éclairant la plupart du temps ce sujet.

Passons-en quelques-uns en revue pour nous en assurer :
- un échec : à qui la faute ?
- la rémunération demandée : pourquoi ?
- les contactezumains : que représentent-ils, etc.

Vous obtenez toujours une réponse soit égocentrée (la faute, c'est les autres ; j'ai besoin de cet argent pour vivre, pour payer mes traites ; les contactezumains m'enrichissent) ou exocentrée (je suis le seul coupable, l'argent ne m'intéresse pas, je veux être utile aux autres), rarissimement la seule vraie réponse (j'appelle « vraie » celle qui obéirait au matérialisme cartésien, objectif et logique) qui ne peut être qu'entre les deux registres.

Voici une petite démonstration fondée sur l'échec : *pour qu'il y ait échec, il faut au moins être deux à commettre une faute*. Exemple : Tartempion commet une faute, mais j'aurais dû le contrôler, m'en apercevoir à temps et prendre les mesures correctives nécessaires. Par conséquent, égocentrisme comme exocentrisme ne sont des attitudes logiques ni l'un ni l'autre, ils ne sont qu'une déformation personnelle dans la présentation des faits.

En termes *d'utilité* maintenant (et c'est ce qui importe pour notre pronostic de réussite professionnelle), notons que ces deux « déviations » présentent des avantages (et donc que leur excès offre des inconvénients) : un vendeur totalement égocentré (qui ne vise pas à *servir* son client ni son entreprise, mais seulement lui-même) est aussi nuisible qu'un vendeur totalement exocentré (qui ne prend pas de plaisir à gagner) ; vous sentez que la vérité est bien loin de la langue de bois quotidienne des battants et autres gagneurs !

Comment communique-t-il ?

La communication est devenue une si belle tarte à la crème qu'il me paraît nécessaire de la décomposer.

En effet, les relations de communication dans l'entreprise revêtent des habits différents selon les circonstances :
- avec le chef : prendre des instructions, rendre compte ;
- avec les subordonnés : expliquer, animer, contrôler, arbitrer ;
- avec les autres services et le monde extérieur (clients, fournis-

seurs, administration...) : trouver l'information utile, faire savoir, négocier, conclure.

Limitons-nous pour l'instant à l'art de communiquer, nous verrons plus loin l'expression de l'autorité.

Et comme vous êtes en train de communiquer avec votre visiteur, l'observation de ses processus de communication est immédiate : il vous suffit d'être attentif...

◆ *Sait-il écouter ?*

Ne croyons pas que quelqu'un qui se tait durant notre monologue sait écouter (peut-être dort-il !) ; comme quelqu'un qui affirme avec autorité : « J'ai une faculté d'écoute développée. » Savoir écouter, c'est recueillir l'information et décoder le comportement de l'autre.

Quand il parle, coupez-lui la parole pour apporter un élément nouveau. Continue-t-il sur sa lancée ? S'arrête-t-il et reste coi ? Intègre-t-il l'élément nouveau dans sa réflexion pour moduler son exposé ?

◆ *Sait-il questionner ?*

Vous avez donné quelques explications puis demandé un effort de synthèse. En profite-t-il pour poser des questions ? S'agit-il de questions nouvelles, ouvertes ? Au contraire de sujets déjà débattus ? En termes de confirmation, seulement ?

Les jeunes diplômés ne savent pas vraiment poser des questions ; ils n'ont pas l'habitude (ça leur viendra !). Alors, ils se cantonnent souvent dans un registre conventionnel (« Quelle va être ma carrière ? »). Soyons indulgents...

◆ *Sait-il expliquer ?*

A votre demande d'explications, répond-il sans détour ? Doit-il remonter au Déluge ? Est-ce clair, structuré ? Résume-t-il ses explications ? S'assure-t-il que vous avez compris ?

◆ *Comment maîtrise-t-il la relation ?*

Vous avez œuvré pour créer une situation « paritaire », comment la perçoit-il ? Prend-il à votre égard une attitude soumise ? Vous prend-il au contraire de haut ? Tend-il à « copiner » ? Vous voyez que le « paritarisme » n'est rien de tout cela.

Les responsables de recrutement qui ont l'habitude d'être là lors des présentations de candidats à leur futur chef savent que nombre de ces candidats adoptent un style différent devant le recruteur et devant leur directeur opérationnel.

Faites-le parler de son patron et observez son style qui va de « Je lui dois tout, moi, à M. Ramirez » jusqu'à « Jean-Luc m'a demandé de l'aider à... ». Ne vous privez pas du plaisir d'ouvrir grand les yeux d'admiration en susurrant : « Vous l'appelez par son petit nom... ? »

◆ *Comment argumente-t-il ?*

Analysez mentalement les arguments qu'il vous fournit (en explication des événements comme pour vous convaincre qu'il est bon pour ce poste) en deux registres :
- Sont-ils positifs ou négatifs, c'est-à-dire font-ils progresser ou régresser les choses ? Aussi bizarre que cela paraisse, nombreux sont ceux qui présentent comme arguments des idées qui vont à contre-courant de ce qui est demandé ! Un argument positif est un avantage pour l'autre (pas pour soi-même) : a-t-il fait l'effort initial de découvrir ce que vous considérez comme un avantage ?
- Sont-ils factuels (cartésiens, logiques, matérialistes...), socio-affectifs (relationnels), ou encore un juste dosage des deux ?
- Se fixe-t-il sur un seul argument ou bien essaie-t-il de vous convaincre en vous encerclant ?

Expression de l'autorité

L'autorité est l'art d'amener un ou plusieurs individus à faire ce que l'on désire ; il ne faut donc pas croire que l'autorité se limite à l'exercice du commandement, encore que c'en soit une expression essentielle ; au sens propre donc, vendre est un acte d'autorité (le client a été amené à acheter, donc à faire ce que désire le vendeur) ; ne dit-on pas d'ailleurs d'un critique capable de faire tomber les entrées ou les ventes qu'il « fait autorité » ?

On distingue en gros trois modes bien différents d'expression de l'autorité ; ils ont en commun une caractéristique : pour pouvoir s'exercer avec pérennité, l'autorité doit être reconnue comme juste et profitable par le groupe social sur lequel elle s'exerce... sinon, elle conduit à la révolution !

◆ *L'adjudant-chef Brisemiche* du 28ᵉ RI caserné à Vesoul (ou à Châteauroux, si vous préférez) donne les ordres de son ressort et punit les infractions en appliquant le règlement ; il exerce une *auto-*

rité statutaire, ce qui signifie qu'elle n'émane pas de lui, de sa personne, mais d'une organisation suffisamment puissante pour la lui conférer. Dès qu'une organisation humaine atteint une certaine taille (c'est le cas de l'armée, mais aussi d'IBM ou de Peugeot), il est indispensable que l'autorité s'appuie sur des documents (règlements, procédures, descriptions de fonctions, etc.) transcendant les caractéristiques humaines des acteurs.

◆ *L'ingénieur en chef Trouvetou*, responsable de laboratoire de recherches et développements, utilise d'ailleurs cette forme d'autorité pour évacuer les problèmes qu'il considère comme « secondaires » (une augmentation de salaire, par exemple !) et se consacrer à la conduite des projets où il exerce son *autorité de compétence* : c'est parce que ses hommes reconnaissent sa valeur technique, son imagination, ses bonnes idées, sa rigueur de méthode, en un mot parce qu'ils savent qu'ils ont tout intérêt non seulement à le suivre mais à solliciter ses conseils, ses orientations, son contrôle, qu'ils adhèrent à son commandement. L'autorité de compétence est indispensable à la tête d'une équipe homogène de gens eux-mêmes techniquement compétents : en dehors des recherches, vous la trouvez aux finances, au marketing, à l'informatique, etc.

◆ *Et* Jeanne d'Arc *dans tout ça ?* Elle n'est pas soutenue par un statut (le projet qu'elle défend est non seulement clandestin et illégal, mais il n'a reçu aucune organisation et n'a personne d'autorité à sa tête), ni par sa compétence (elle n'a aucune expérience militaire, le moindre de ses subordonnés en a mille fois plus qu'elle) ; les hommes qui adhèrent à son commandement sont des brutes sanguinaires, de farouches individualistes, encore imperméables à des sentiments comme le nationalisme (d'ailleurs, c'est une guerre quasiment civile, les Anglais en question sont des Normands et des Angevins alliés à des Bourguignons et des Picards) ; quant à la religion (la même pour tout le monde), elle a bon dos, puisque jusqu'au procès de l'Inquisition, elle n'est pas encore mêlée à tout ça.

Alors on ne sait pas et, faute de mieux, on appelle ça *autorité naturelle* et même *charismatique*, sous-entendant qu'il y a quelque chose de divin (ou de diabolique, donc) là-dessous.

En tout cas, pour faire adhérer des hommes nombreux pas forcément instruits ni intelligents à un projet commun et les faire se surpasser dans l'atteinte de ce projet, on n'a pas trouvé mieux pour insuffler le courage.

Idéalement, l'exercice de l'autorité devrait s'appuyer harmonieusement sur ces trois composantes. Comment les détecter ?

Le « statutaire » (ou « technocrate ») se repère assez aisément puisqu'il efface sa personnalité derrière le respect des procédures et des hiérarchies ; vous le cernez donc par une filière Organisation en vous assurant de la conjugaison de ses verbes ; les sujets en sont : le règlement, la structure, la procédure,... jamais lui.

Le « charismatique » se sent plus qu'il ne se repère, puisque son « charme » joue aussi sur vous : il y a de la chaleur, de l'enthousiasme, de la gaieté, de l'entrain chez lui, il rayonne la force ; le gros problème du « charismatique » tient au fait que tous ces effets sont indépendants de sa volonté, il ne les maîtrise pas ; la catastrophe, c'est le « charismatique sot », celui qui a un mauvais jugement ou un raisonnement défectueux, car tous lui font confiance d'instinct ! Dès qu'un chef-né (il connaît les prénoms et âges des enfants de ses subordonnés, mange à la cantine au milieu de ses hommes et marche devant eux au feu) se présente à vous, traquez donc ses caractéristiques intellectuelles et vérifiez qu'il ne sème pas autant le désordre que la bonne parole. Quant au charismatique méchant et dénué de sens moral, c'est un fléau que les livres d'histoire immortalisent.

C'est le « compétent » le plus délicat à discerner, puisque nous ne sommes pas nous-mêmes compétents dans son domaine ! C'est, bien sûr, par son comportement que nous allons découvrir son influence : comment il explique, comment il réfléchit, comment il doute de la vérité (ô Descartes !). Cela dit, le problème majeur du compétent reste « sait-il contrôler ? » (moi, je fais confiance...) et, dans l'affirmative, « sait-il punir ? ». Comme ses compétences ne sont pas reconnues uniquement par ses collaborateurs mais aussi par ses dirigeants, il est amené régulièrement à jouer le rôle de l'arbitre, du sage ; et comme cette vertu ne s'accompagne pas obligatoirement de force de caractère, il peut bien jouer aussi les boucs émissaires...

Et l'amour ?

Sans vouloir pénétrer le monde étrange des idylles qui se nouent au sein des relations professionnelles ni les pratiques coupables de harcèlement sexuel (auxquelles je n'ai jamais été soumis), nous aurions tort de croire que le sentiment ne se mêle pas aux affaires.

La caractéristique de sensibilité ou encore d'affectivité, absente ou présente à plus ou moins haute dose chez nos interlocuteurs, apporte des effets positifs et des effets négatifs.

En physique, la sensibilité désigne la faculté d'un système à réagir à un changement infime d'une variable, d'un paramètre ; si le changement en question est important, le système trop sensible risque d'être détruit.

Pour notre personnalité, il en va de même : notre sensibilité nous met en mesure de mieux comprendre l'autre et de sentir les variations même minuscules de ses pensées ou de son comportement ; elle accroît donc la finesse de notre intuition et de notre perception ; c'est une vertu du bon négociateur mais aussi du chercheur et encore de tout dirigeant, puisqu'il faut bien sentir pour prévoir et ressentir la pitié pour exercer le droit de grâce...

C'est aussi la sensibilité et donc l'affectivité qui permettent ce qui s'appelle « l'esprit d'équipe » ; pudeur caractéristique de notre époque, on dit plus volontiers « on s'entend bien » que « on s'aime bien » ; pourtant, aider avec plaisir l'autre à réussir et se réjouir du succès d'un troisième ont, à mon sens, plus à voir avec l'amour qu'avec l'ouïe.

Mais sensibilité signifie aussi fragilité, nous l'avons vu en physique, et tout le monde sait qu'il y a des chagrins d'amour. Et celui qui est trop prêt à donner souffre au milieu de ceux qui n'ont pas envie de prendre.

Méfions-nous donc de la sensibilité excessive qui serait de la sensiblerie ; celui qui ne fonctionne qu'à la sensibilité est trop dépendant d'autrui ; l'équilibre sain – celui qui confère la bonne autonomie d'action – peut s'obtenir par exemple par le sens développé du devoir qui obligera le sensible à agir quand même... au prix, il est vrai, de sa souffrance.

Faisons parler abondamment nos visiteurs de leurs collaborateurs (la filière Organisation s'y prête bien) ; escamote-t-il le sujet (par exemple en se limitant à des indications d'effectifs) ? se cantonne-t-il aux indications purement professionnelles (qualifications, fonctions) ? introduit-il des informations socio-affectives ?

La filière Evénement est, là aussi, riche d'enseignements : comment interviennent les autres acteurs dans cette histoire, comment se comporte notre homme à leur égard ?

Notons les « degrés d'existence » des autres dans les propos de notre visiteur : totalement occultés, juste cités, décrits sans implication affective, porteurs de sentiments...

Qu'il s'arrête dans cette gradation à tel échelon n'a pas d'autre valeur qu'un simple indice : peut-être la pudeur le freine-t-elle. Vos questions circonstancielles (qui, comment, pourquoi) sont là pour l'inviter à aller au-delà.

Bien sûr, vous ne manquez pas de rapprocher toute occultation de l'autre par votre visiteur de sa motivation assurée avec détermination pour les contactezumains.

᙮ Les éditions d'organisation

Chapitre 9

Découverte
des caractéristiques vitales

Après la tête et le cœur, passons aux « tripes », c'est-à-dire à ces leviers profondément enfouis qui nous font agir sans la réflexion raisonnée de nos facultés intellectuelles ni l'encadrement de nos habitudes socio-affectives.

Il n'est pas inutile de rappeler d'abord les quatre catégories classiques de *caractères*.

Des caractères

Hippocrate, en plus du serment qu'il a imposé aux jeunes médecins, a eu l'idée de classer les tempéraments en quatre catégories, dont les caractéristiques dominantes étaient dues, selon lui, à l'excès de telle ou telle humeur physiologique. Il baptisa ces catégories du nom de *caractères* qui désignaient alors uniquement la lettre imprimée sur un produit pour identifier son origine (remarquez que nous disons toujours un caractère d'imprimerie, et que les professionnels de l'imprimerie disent plus volontiers un *type*).

Ces quatre caractères (qu'Hippocrate appelait le sanguin, le mélancolique, le phlegmatique et le cholérique) ont un peu évolué de nom au fil des siècles ; je vous les décris ici dans leur terminologie actuelle.

◆ *Le sanguin* est très « animal », il est tout entier tourné vers l'action, au sens physique de ce terme ; il fait preuve donc de rapidité dans l'effort, d'agilité, de grands « coups de collier »... mais s'affaisse aussitôt après pour récupérer. Tout à fait indépendant dans l'âme (quel que soit son degré d'autonomie), il est rebelle aux organisations, aux procédures, aux hiérarchies, aux contrôles. Par principe chaleureux, il met autant d'ardeur dans ses manifestations amicales que dans les agressives.

◆ *Le nerveux*, au contraire, agit mû par la pensée ; s'il se montre, pour cette raison, habile à résoudre les problèmes, à imaginer vite des solutions, il manque de force physique pour conduire jusqu'au bout ses projets ; son rythme est par conséquent inégal, plus doué pour l'improvisation géniale que pour une action de longue haleine ; de même, il est sujet à l'agitation intérieure (c'est bien ce que nous nommons la « nervosité »), son humeur est inégale avec des paroxysmes déstabilisateurs.

◆ *Le lymphatique* ne s'en fait pas et ne s'agite pas ; mollasson tranquille sans état d'âme, ennemi du risque et des ennuis, il n'est pourtant pas à rejeter, car il avance ; et vous savez bien que la tortue a gagné la course contre le lièvre (qui était un sanguin) ; demandez-lui donc d'exécuter jusqu'au bout une tâche donnée en prenant son temps, mais ne vous attendez pas à ce qu'il prenne des initiatives ou des responsabilités ni à ce qu'il révolutionne les méthodes.

◆ *Le bilieux*, au contraire, se fait des soucis monstrueux ; en conséquence, il agit avec bien plus d'intensité que le sanguin (pour qui l'action n'est qu'un jeu) et, ce qui est encore plus profitable, avec régularité, méthode et organisation (puisqu'il a toujours peur que ça n'aille pas) ; tout cela le fatigue nerveusement, le renforce s'il a de bonnes ressources et le déprime si elles sont insuffisantes ; autrement dit, son anxiété joue un rôle moteur positif tant qu'elle reste bien contrôlée.

Bien sûr, ces caractères, bien commodes pour nous clarifier les idées ou pour discuter entre nous, n'ont pas à être prononcés devant nos candidats ni devant la hiérarchie demandeuse de recrutement, qui pourraient les interpréter de travers. Ils ont aussi peu de valeur « anatomique » que les centres de la personnalité (voir aux généralités) mais correspondent au langage populaire (il vit sur les nerfs, il prend un coup de sang, il a les foies, il se fait de la bile...).

5

Caractères Sanguin - action chaleureux.

4 Cholérique ?

2 Mélancolique :

3 Phlegmatique ?

Vous constatez que ces catégories font intervenir deux paramètres : *l'activité* (j'allais dire le « muscle ») qui peut se décrire en termes de force, de tonus, de rapidité, de continuité ; et le *contrôle* exercé sur cette activité (par une « liqueur physiologique »).

Depuis Platon, certains prétendent qu'il existe une corrélation entre ces caractéristiques et les géométries du visage et du corps, et les temps modernes nous apportent régulièrement leurs théories nouvelles sur la typologie morphologique humaine en rapport avec les caractères classiques ou bien avec des catégories un peu plus nuancées. C'est ainsi que, selon Kretschmer, le type *athlétique* correspondrait au bilieux, le *leptosome* (silhouette étroite) au sanguin, le *pycnique* (silhouette épaisse) au lymphatique (en oubliant donc le nerveux...).

Une autre typologie, celle de Sigaud, nous propose le *musculaire* (bilieux), le *respiratoire* (sanguin), le *cérébral* (nerveux) et le *digestif* (lymphatique) ; pour simplifier, cela reviendrait à dire que les visages triangulaires-pointe-au-menton (cérébraux) marchent sur la tête et les nerfs, que les poires-à-la-Louis-Philippe (digestifs) fonctionnent en légumes, que les losanges et autres ovales (respiratoires) seraient impulsifs, alors que les athlètes complets (musculaires) se feraient des soucis...

J'ose dire que l'expérience confirme assez souvent, mais comme je n'ai pas encore compris pourquoi, je vous recommande la plus grande prudence : n'appliquons que des raisonnements dont nous avons compris les mécanismes ! D'ailleurs, la corrélation « officielle », après de vastes études statistiques, entre physique et caractère s'établit aux alentours de 30 %, qui est un facteur nettement plus fort que le hasard, mais bien loin de la certitude.

L'entretien va d'ailleurs bien nous permettre de « catégoriser » notre visiteur, pour autant que vous ayez bien su le mettre à l'aise ; car il est clair que son stress fausserait tout !

Soyons donc attentifs, dès que le bon climat d'entretien est établi, à toutes ses manifestations de « nervosité » dans l'élocution (mots qui se bousculent, lapsus et télescopages) et dans le non-verbal (rougeurs et pâleurs, tremblements, tripotements des mains ou d'objets...).

Evaluons, notamment grâce à la filière Motivations (qui est bien porteuse pour cela) l'importance de grands thèmes comme la sécurité et l'aventure, le souci et le jeu, etc.

Sentons l'attitude face à la préparation, à l'organisation, au contrôle, etc., par opposition à l'action impulsive, dans la filière Tâches cette fois (la filière Motivations ici apparaîtrait cousue de fil blanc).

Rapprochons tout cela de l'intensité avec laquelle s'extériorisent les sentiments forts, l'approbation, la colère, la peur... ; vous avez intérêt ici à déstabiliser, à provoquer votre interlocuteur ; nous savons déjà que cette pratique ne peut intervenir qu'en milieu d'entretien, à l'occasion d'un thème à fort contenu émotionnel, et qu'il vous faut aussitôt après revenir sur un terrain dépassionnalisé et balisé.

Mais nous allons voir tout cela plus en détail en passant en revue les grandes motivations.

Des ressorts de décision et d'action

Si les caractères décrivent des familles statistiques de tempérament dominant vu de façon globale, extérieure, par les manifestations de comportement les plus permanentes, nous devons aller chercher plus profondément dans la personnalité de notre interlocuteur ses *leviers de décision et d'action*.

C'est à dessein que j'utilise les mots *levier* et *ressort* plutôt que *motivation*, que j'avais choisi lors de l'examen de nos filières, quoiqu'il n'y ait pas de différence fondamentale ; deux raisons me conduisent à ce choix : la première vise à bien scinder la question de l'analyse de personnalité (je veux dire ici que nous pouvons et même devons découvrir les *leviers* par d'autres filières que les motivations, dont les questions apparaîtraient trop transparentes ; la filière Motivations, sans être exclue, doit être accompagnée des filières Tâches, Evénement, etc.) ; la seconde raison tient au caractère « mécanique » des mots *levier* ou *ressort*, qui souligne l'aspect *instinctif* ou au moins de *réflexe conditionné* des comportements que nous allons analyser.

Les instincts de base, communs à toutes les espèces de tous les genres, sont au nombre de deux et de deux seulement : la conservation de l'espèce (reproduction, protection des petits) et la conservation de l'individu (alimentation, fuite ou combat devant le danger).

C'est bien peu, mais il faut y ajouter tous les réflexes acquis (par l'éducation, sur la base de millénaires d'organisation sociale et de religion, visant à élever l'être social humain au-dessus de la « brute ») puisque, pour vous et moi, leur effet est identique sur notre comportement à celui des instincts de base ; nous agissons de telle façon, mus par un impératif intérieur, sans avoir à réfléchir ni à vouloir ; au contraire, vouloir agir autrement exigerait un gros effort de volonté et de réflexion, serait peut-être moins efficace, en tout cas plus fatigant. Reparlez-m'en quand vous aurez couru pour échapper à un danger et compris le sens de l'adage « La peur donne des ailes » !

Incidemment, soulignons la naïveté de l'expression fort à la mode « je cherche des hommes motivés » qui attire obligatoirement la

© Les éditions d'organisation

question « mais motivés par quoi ? » ; nos motivations nous font agir d'instinct ou par réflexe conditionné pour obtenir une *gratification* : le réflexe de la faim, sensation corollaire de notre instinct de conservation, nous procure une *douleur*, qui nous oblige à manger, ce qui nous procure du *plaisir*. Espérer rencontrer un être qui agirait par automotivation, sans ressentir de souffrance ni attendre du plaisir, relève de l'utopie.

Cela dit, les instincts (et donc les réflexes qui leur sont associés) n'ont pas sur tous les représentants de l'espèce le même pouvoir, la même intensité ; les comportements qui en découlent face à telle ou telle circonstance peuvent varier du tout au tout, il est donc indispensable de passer en revue ces *leviers* et d'imaginer les phases d'entretien qui permettent de les éclairer.

◆ *Le besoin de sécurité* représente la première manifestation concrète de l'instinct de conservation ; il est inscrit au plus profond de nos chromosomes. Le terrain inconnu, pouvant bien receler toutes sortes de dangers, inquiète, suscite des angoisses, incite à la prudence. Le besoin de sécurité conduit à baliser le terrain inconnu, à prendre des précautions afin de maîtriser les aléas, dangers réels ou supposés.

Professionnellement, ces réflexes de précaution s'appellent : bien étudier un problème avant d'agir, en découvrir tous les aspects et toutes les zones d'ombre, organiser soigneusement, préparer le travail, le planifier et budgéter, contrôler régulièrement l'avancement (qualité, délai, coût). Vous voyez que c'est la filière Tâches qui va s'avérer ici porteuse d'informations plutôt qu'une malhabile question fermée de motivation « Avez-vous peur de l'inconnu ? ».

Cette peur d'inconnu n'a rien de malsain, bien au contraire, puisqu'elle est mère de la prudence ; toutefois, elle peut s'exacerber et devenir si anxiogène qu'elle paralyse : vous connaissez des gens qui s'inventent mille prétextes pour ne pas agir, les présentant évidemment sous les couleurs d'une analyse rationnelle et d'un raisonnement élaboré ; n'en soyez pas dupe et distinguez bien la peur saine, moteur de précaution, de la peur malsaine, paralysante.

A l'inverse, le sens de la sécurité peut être atrophié, ce qui conduit à des comportements de témérité ; ne confondons pas le *courageux* qui a découvert le danger, l'a mesuré, a pris ses précautions et s'est raisonné pour agir, avec le *téméraire* qui n'est pas conscient du péril ou qui le méprise au point de négliger les réflexes de prudence.

Le plan de votre table de travail matérialise votre territoire animal ; n'est-ce pas chez votre interlocuteur une atrophie des réflexes de prudence que de s'y accouder, en écartant les objets personnels (votre plumier, votre cendrier, votre téléphone, la photo de vos enfants) dont vous l'aviez marqué ?

Les thèmes événementiels, comme la crise ou l'échec, nous apportent ici des éclairages puissants, puisque nous allons « voir » les réflexes agir. En revanche, ce sont les thèmes dans les filières Tâches ou Fonctions de direction qui vont mettre en lumière l'importance accordée à la préparation, la planification, l'organisation, le contrôle...

Vous sentez bien qu'une déclaration comme : « Moi, j'aime que les choses soient bien organisées » ne veut rien dire ; que ce soit vrai ou faux, vous ne savez ni le pourquoi, ni le comment. Alors vous ouvrez le sujet au moyen de votre célèbre « Racontez-moi ça » ; et votre interlocuteur choisit son registre de réponse :

– registre « intellectuel » : j'étudie le dossier, je planifie les tâches....

– registre « social » : je vais chez le client, je revois l'équipe pour un « briefing »...

Vous êtes passé sans problème de la filière Motivations (j'aime) à la filière Tâches (je fais), et vous en avez profité pour « entendre » la cohérence entre les idées énoncées, l'expression verbale et l'expression non verbale. Il vous faut maintenant activer la filière Evénement : « Mais dites, si ça urge, et que la direction vous oblige à commencer de suite le chantier, sans toutes ces opérations de préparation, c'est déjà arrivé, non ? »

Reportons-nous à ce que nous disions naguère de l'anecdote, comparable à une tragédie classique ; guettez bien les expressions d'inquiétude revécue, tant dans les paroles que dans les mimiques ; guettez celles du plaisir ensuite au dénouement...

◆ *L'agressivité* est une autre manifestation du même instinct de conservation ; le péril supposé ou réel n'a pas été maîtrisé par les réflexes précédents, ou bien on n'a pas eu le temps d'y procéder : il faut faire face, c'est-à-dire *attaquer* pour ne pas courir le risque de l'être.

L'agressivité s'exprime, elle aussi, bien plus librement dans les filières à fort contenu émotionnel qui permettent aux instincts de parler plus fort que la raison et les conventions sociales ; elle va se manifester durant l'entretien par des « signes extérieurs d'agressivité », c'est-à-dire des mimiques d'intimidation (les gros yeux, le ton de voix fort et articulé, le poing fermé, etc.) qui ne s'adressent pas à vous, soyez rassuré, mais à l'interlocuteur absent de la scène revécue.

Comme dans tout le règne animal, ces mimiques sont des manœuvres ; si elles réussissent, l'agresseur fait l'économie d'une bagarre, si elles échouent (l'agressé se montrant encore plus intimidant), il ne reste que le choix entre la fuite et l'affrontement de degré supérieur ; mais ce dernier, ne nous y trompons pas, n'intervient que lorsque toutes les autres manœuvres ont échoué, car la nature n'est pas sotte, elle vise la conservation, ses mécanismes font donc tout pour éviter le danger. L'agressif fait semblant de chercher la bagarre, précisément pour l'éviter.

Méfions-nous de la mode qui exige que les vendeurs soient « agressifs » ; on veut dire par là qu'ils doivent mener leurs négociations jusqu'à leur heureuse conclusion et qu'ils soient animés par la volonté de gagner... pas qu'ils montrent leurs dents pour exprimer leur intention de mordre les clients !

N'accordons pas non plus à l'adjectif « agressif » une note morale ; nous sommes programmés, comme tout animal, pour cela, il s'agit d'un besoin naturel qu'il ne sert à rien de juger au regard des règles du savoir-vivre. Nous savons d'ailleurs qu'en cas d'échec de l'agression, il reste la ressource de la fuite. Il n'y a donc pas deux catégories d'hommes, les méchants agressifs et les pleutres fuyards : chacun en fonction de l'intensité du danger et des réactions de l'autre, se montre agressif jusqu'à un certain point avant de se transformer en fuyard !

Notons que l'*homo sapiens sapiens*, contrairement aux autres animaux, dispose d'une troisième voie entre l'agression et la fuite : elle consiste à ôter aux tripes la maîtrise du corps pour la confier au cerveau et au cœur. Voyons-en une petite illustration :

Le client dit au vendeur : « C'est bien cher ! », ce qui représente une *agression*. Le vendeur sot sur-agresse en rétorquant : « Vous avez tort ! » ; le vendeur mal affirmé prend la fuite en soupirant : « C'est dommage... » ; le vendeur maîtrisé amène le client au registre du raisonnement et de la communication en souriant : « Vous avez raison de vouloir connaître tous les avantages que vous allez en retirer. »

Bien sûr, le comportement *réel* de ce vendeur ne peut être observé que s'il est déstabilisé ; dans un parfait équilibre émotionnel, il pourrait vous raconter n'importe quoi (par exemple ce qu'il convient de faire, ou ce qu'il estime chic de faire dans ce cas-là, et non pas ce qu'il fait vraiment). Donc, faites-lui revivre un événement où il a été agressé, ou bien déstabilisez-le en l'agressant !

C'est ce point de retournement qu'il est intéressant d'évaluer, comme il est intéressant d'évaluer le point d'articulation entre les procédures de précaution et l'agression.

Il serait maladroit d'attirer vers vous durant l'entretien l'agressivité naturelle de votre visiteur, puisque vous ne pourriez plus maîtriser la situation ; il vous faut donc lui faire revivre son agressivité vis-à-vis d'autres, et ce sont bien sûr des thèmes de « scénario-catastrophe » (la crise, l'échec, etc.) qui sont les mieux adaptés ; pensons donc à rebondir lorsque notre visiteur dit incidemment : « Alors, on s'est pris de bec » ou de façon plus édulcorée : « On a eu un petit problème relationnel. »

Que dites-vous alors ? Mais bien sûr : « Racontez-moi ça ! »

◆ *Le besoin d'appartenance au groupe social*, que nous pouvons apparenter à l'instinct grégaire des grands herbivores, constitue la troisième manifestation de cette protection contre les périls réels ou supposés. Son expression matérielle peut être aussi puérile que le simple conformisme vestimentaire : lorsque je rencontre à l'occasion d'une conférence dans leur amphi des étudiants en col roulé et baskets, je sais bien que dans un an ou deux, je les retrouverai en complet et cravate ! Vous pouvez faire la même déduction avec le système pileux... comme vous pouvez avec le sens de l'observation et un peu de temps écrire un gros ouvrage sur le « look » de chaque code NAF de la banque à l'agence de publicité en passant par la sidérurgie et les travaux publics, sans oublier les instituteurs et la marine marchande.

Le besoin d'appartenance – ou d'affiliation – ne se matérialise pas que dans le conformisme vestimentaire ou capillaire ; c'est lui qui est à l'origine du fameux « esprit d'équipe » cher aux trois mousquetaires (un pour tous, tous pour un) et tant prôné par les chefs d'entreprise ; nous commençons à comprendre que ce levier – comme tous les autres – n'est pas gratuit : son fonctionnement exige une contrepartie (une gratification, un plaisir pour l'individu) dont nous devons découvrir la nature et l'importance.

L'analyse verbale nous est ici d'un précieux secours ; les prédispositions d'appartenance se trahissent par l'usage répété du pronom *nous* comme sujet des verbes.

◆ *Le besoin de distinction sociale* est la manifestation inverse, tant il est vrai que l'être humain, animal social par excellence, balance éternellement entre la sécurité douillette du troupeau et le souci d'être reconnu comme individu.

Cet individu porte donc une *image* qui le distingue du troupeau (image réelle) ou bien qu'il veut donner de lui (image affectée), image encore qui peut être permanente ou changeante au fil des circonstances...

Si vous vous reportez à l'organisation d'une tribu primitive, vous constatez que deux hommes se distinguent du groupe social : le *chef* fort aux armes, rapide à la course, investi du pouvoir exécutif, de l'autorité opérationnelle ; et le *sorcier*, détenteur de connaissances techniques, sage à consulter avant de décider, et gardien de la loi. Ce sont, en cette fin de XXᵉ siècle sous nos climats industriels, toujours les deux meilleures images pour se distinguer du commun des mortels : celle du leader et celle du sage.

Il faut, bien sûr, puisque nous parlons de leviers, qu'il y ait à la clé une contrepartie, une gratification, un plaisir reçu : la plupart du temps, la satisfaction de la reconnaissance ou considération par le groupe social dont on se distingue.

La conversation, quelle que soit la filière, va mettre en lumière de nombreux indices, même s'ils sont furtifs : souci du « qu'en-dira-t-on », entretien de l'image personnelle, réelle ou affectée (« je suis un fonceur », « on me demande mon avis », etc.) sont des manifestations bénignes. Certaines sont plus insidieuses (changement d'appartement et d'amis lors d'une promotion professionnelle), d'autres frôlent la pathologie (domination, sacrifice)...

L'analyse verbale est ici encore riche d'observations utiles ; l'affirmation de soi se traduit par le « moi, je » qui s'oppose au « nous » grégaire de tout à l'heure ; mais aussi par la revendication de titres (quelle inflation de « directeurs » !) qui commence à son niveau le plus naïf : faire précéder son propre nom de « monsieur », grossière faute d'étymologie française qui voudrait au moins que l'on dise « votre sieur » en parlant de soi, ce qui serait mal élevé, nul n'ayant à se prétendre le sieur de l'autre, bien au contraire !

◆ *L'ambition* est une forme intéressante de cet aspect de la personnalité, puisque l'individu tend à échapper à son groupe d'origine... pour en rejoindre un autre, certes, mais nous n'en sommes pas encore arrivés là.

Il est donc clair que nous devons analyser l'ambition comme un réflexe de distinction par rapport au groupe social ; comme elle est de nos jours considérée comme une vertu et non un vice, vous n'aurez aucun mal à en faire le sujet de questions sans braquer votre interlocuteur.

Ce conseil vous est particulièrement utile lorsque vous rencontrez un autodidacte qui a réussi ; songez aux efforts, aux sacrifices que doit faire le travailleur qui va aux cours du soir du CNAM, aux séances de TP du samedi, qui fait ses devoirs le dimanche durant cinq ou sept ans, et donc divorce entre-temps ; évaluez mentalement la puissance du levier qui l'a fait agir ; supputez les revanches qu'il lui reste à prendre ! Vous sentez bien qu'il y a là sujet à conversation et à découvertes...

◆ *La liberté*, autre façon de se distinguer du groupe, ne cesse de hanter l'humanité depuis que les théologues ont décrété que nous avons été créés libres ; toute notre expérience nous prouve l'existence de systèmes complexes d'interdépendances (les clients, les fournisseurs, les banquiers, les syndicats, l'Etat, etc.), et pourtant c'est toujours la ligne hiérarchique directe de l'entreprise qui est régulièrement mise en cause.

Alors qu'elle est, à mon avis, l'expression la plus bénigne d'une

Les éditions d'organisation

restriction à nos libertés : ainsi, je sais trouver mille prétextes pour expliquer à mon président-directeur général que je ne ferai pas ce qu'il souhaite ; alors que Mme Blanchemie, ma boulangère qui n'est pas sous mon commandement, me tend sans hésiter la baguette que je lui demande.

Devenons donc très attentifs à toute revendication d'*autonomie*, chère au cadre moyen et supérieur, et soupçonnons le désir de n'en faire qu'à sa tête, sans courir le risque d'être contrôlé et sanctionné.

Je voudrais ici attirer votre attention sur le mot « responsable » ; dans la bouche du recruteur, appliqué au cadre qu'il cherche, ce mot signifie qu'il doit *répondre* (c'est le sens étymologique) de ses décisions, de ses actions, de ses résultats, donc se soumettre au contrôle et à la sanction ; en revanche pour le candidat qui aspire à prendre des responsabilités, cela signifie jouir d'une meilleure liberté, ne pas avoir le patron sur le dos, ni devoir demander autorisation préalable pour ensuite rendre compte.

Il s'agit donc d'un mot antisymétrique, et vous allez voir que le mot « autonomie » l'est tout autant : celui qui la revendique pour lui, est-il prêt à l'accorder aux autres (ceux qui sont placés sous sa « responsabilité ») ? C'est ce dont vous devez vous assurer avant de décider que son appétit de liberté est synonyme de despotisme ; et s'il délègue, assurez-vous encore qu'il contrôle.

Votre visiteur vient de prononcer le mot « autonomie », comment rebondir ? Utilisez la technique vue au paragraphe Conceptualisation, que je vous conseille toujours d'appliquer quand vous entendez un mot abstrait (qui pourrait bien être complice) : « Donnez-moi en une phrase votre définition de l'autonomie », et vous allez bien voir si la réponse ne met en scène que son directeur ou bien aussi les collaborateurs qui lui sont confiés...

◆ *Le besoin de pouvoir* s'impose donc ici comme nouveau concept ; il n'est pas totalement différent du besoin de distinction, mais son expression est si intense que je préfère le traiter à part. Il n'est pas de groupe social sans individu dominant ; les abeilles ont une reine, mère de la nation (ou tout du moins de l'essaim) ; les grands herbivores laissent conduire leur troupeau par un mâle averti et responsable ; les primates anthropomorphes obéissent au porteur du manteau royal...

Le besoin de pouvoir atteint des dimensions pathologiques redoutables chez les tyrans historiques ; à une dose moins malsaine, il est à l'origine des créations d'entreprises (ce n'est pas le besoin de liberté, puisqu'il conduirait plutôt à s'installer en profession libérale) ; il existe à des degrés divers chez tout opérationnel.

Cela dit, la domination ne s'exprime pas de façon univoque envers

ʳ Les éditions d'organisation

tous : vous connaissez un supérieur despotiquement insupportable, qui se transforme en carpette devant le directeur général ou un client ; sans parler des anecdotes croustillantes sur les habitudes de grands dominants au lupanar...

Le dominateur tire son plaisir d'une relation de force : imposer son point de vue sans avoir à le justifier, recevoir des marques de crainte et de respect ; il s'émoustille à la (légère) résistance qui lui donne l'occasion de s'imposer, de mater.

Enfin, me direz-vous, tous les goûts sont dans la nature !

Si le dominateur sot conduit votre projet à la catastrophe par le moyen le plus court, soyez convaincu que le dominateur animé d'autres caractéristiques comme le bon jugement, le sens de l'organisation et celui de la justice peut résoudre vos problèmes plus efficacement qu'un autre.

L'appétit de pouvoir ne saurait exister sans une forte affirmation de soi ; et nous savons que l'analyse verbale (fréquence du « je ») est ici bien révélatrice ; mais ce critère est bien insuffisant s'il est absolument nécessaire.

Vous comprenez que la filière Fonctions de direction s'avère ici indispensable ; le dominateur s'y révèle par ses choix de registre dont autrui n'est jamais absent (le dominateur ne saurait se contenter d'actes de gestion intellectuelle), et où il est régulièrement cité dans une relation de force (commander, punir).

La filière Motivations, au moment des changements de poste, vous apporte ici de nombreux éclairages. Si votre interlocuteur quitte son poste de chef de fabrication (200 ouvriers et agents de maîtrise) pour un poste de directeur de production (50 ouvriers en fabrication, 3 techniciens aux méthodes, 2 à l'ordonnancement-lancement et 5 professionnels à l'entretien) en vous expliquant qu'il a préféré une petite équipe avec un élargissement de fonctions pour mieux se préparer à son objectif de devenir directeur d'usine, vous interprétez cela comme de l'*ambition* et non un *appétit de pouvoir*. Si en revanche son intérêt était de résoudre les problèmes de grande agitation sociale de cette entreprise, vous êtes sur la voie de soupçonner son besoin de pouvoir ; encore faut-il analyser ce qu'il a fait, car il s'est peut-être plus comporté en négociateur qu'en dominateur.

◆ *Le jeu* est une caractéristique étrange de notre espèce qui s'y livre tout le temps, alors que nos « frères inférieurs » adultes ne jouent pratiquement pas en dehors des périodes de rut (encore que les animaux domestiques se laissent contaminer par cette habitude humaine curieuse).

Le jeu comporte deux aspects :
– le premier est le plaisir que nous prenons à mener une lutte

(physique ou intellectuelle) au danger nul (jeu amical) ou limité à la perte d'argent ou d'un titre (jeu à mises et compétition) ; le plaisir naît des inquiétudes suscitées par la crainte de perdre et des gratifications qu'apporte l'espoir de gagner ;
- le second aspect se concentre sur la volonté de gagner et le refus de perdre, l'objectif final primant donc le plaisir du jeu proprement dit.

Les situations professionnelles sont nombreuses qui sont comparables à des jeux, à telle enseigne que je me demande bien pourquoi nous percevons des salaires, tant nous nous amusons à travailler ! Le projeteur devant sa table doit résoudre un problème (l'analogie avec les mots croisés me semble forte) ; le vendeur avec son client me fait penser à une partie de tennis ; et la réunion matinale des chefs d'atelier autour du directeur de l'usine au « brief » précédant un match de football...

Si la situation de négociation (commerciale, syndicale..., de recrutement) représente bien ce « mimodrame d'une lutte » que j'ai donné comme définition du jeu, avec sa maîtrise plus ou moins grande du danger et cette subtile balance d'inquiétude et d'espérance, convenez avec moi qu'il n'est pas neutre de l'aborder avec l'état d'esprit n° 1 (plaisir de l'aventure et des rebondissements épisodiques) ou l'état d'esprit n° 2 (volonté de gagner, refus de perdre).

Mais le verbe « gagner » crée une équivoque ; dans une partie, si un partenaire (ou une équipe) gagne, c'est que l'autre perd ; alors que dans une situation professionnelle, l'objectif le plus souvent visé consiste à ce que tout le monde gagne, ce qui conduit à la satisfaction de deux partenaires qu'une divergence d'intérêt avait momentanément écartés, et donc à la pérennité d'une relation durable de bonne qualité (jusqu'au prochain incident). Le seul ennemi permanent que connaisse l'entreprise, c'est l'ensemble de ses concurrents, là où précisément les relations entre cadres sont les moins fréquentes (de toute façon, la manière la plus sûre et la plus économique de faire disparaître un concurrent, c'est de l'acheter...).

Si la seule négociation réussie est celle qui donne satisfaction aux deux parties, puisque sinon la lutte reprendra bientôt, le mot « gagner » n'est pas à prendre au sens sportif « d'écraser l'adversaire » ; la rage de gagner dans ce sens fait des négociateurs et des vendeurs de piètre qualité, ceux qui laissent les problèmes derrière eux.

La volonté de gagner doit, pour être efficace, s'accompagner de l'*intelligence de gagner*.

Méfions-nous de l'adjectif « gagneur » qu'on ne manque pas d'exiger comme qualité du responsable cherché : on veut dire plus prosaïquement : « un homme qui a la volonté et la persévérance de réussir ».

◆ *L'argent*, dont nous avions fait au chapitre des filières un intéressant sujet de conversation, constitue sous sa forme « appât du gain » un levier de décision et d'action important ; il peut matérialiser aussi bien le besoin de sécurité que celui de considération ou de domination.

Dans le premier cas, nous observons des comportements de prudence, c'est-à-dire d'économie, première vertu des bons gestionnaires attentifs à la dépense et souffrant du gaspillage. Disons que l'économe prudent règle son train de vie sur ses revenus.

Dans le deuxième cas, besoin de considération ou de puissance, il n'est pas question de lésine ; il faut financer les signes extérieurs de l'image et les moyens de la domination ; c'est donc le besoin en dépenses à faire qui dicte les revenus à obtenir.

Toutefois, ces deux cas ont en commun que l'argent y est, selon le dicton, considéré comme « bon serviteur » ; dût-il devenir « mauvais maître » que nous reconnaîtrions des symptômes pathologiques, qui vont de l'avarice simple à l'adoration harpagonnesque du Veau d'or.

Quant à Dom Juan, qui ne recule pas devant les dépenses somptuaires mais refuse de régler les notes de son tailleur, beaucoup suivent son exemple, tiraillés entre le besoin de paraître et la crainte de manquer.

L'argent, comme je vous l'ai dit, est un sujet de conversation trop intéressant, il révèle une nature si profonde de l'être, qu'il serait malhabile de l'escamoter au moyen de froides questions administratives.

C'est pourtant ainsi que cela se passe le plus souvent (combien gagnez-vous actuellement ? combien souhaitez-vous gagner ?), et je trouve cela triste, parce que ce sont des questions de formulaire et non des questions de conversation.

Allez au moins au-delà, par exemple en demandant aussitôt après : « Pourquoi ? »

L'inattendu de la question a valeur de déstabilisation ; donc elle vous attirera une réponse non préparée, gênée ou spontanée, en tout cas éclairante : « J'ai besoin de ça pour vivre », « c'est le premier quartile de mes camarades de promotion », « avec ce que je vais rapporter à l'entreprise ! ».

Si j'arrête ici ma liste détaillée de ressorts, ce n'est pas parce qu'il n'y en a plus : songez au besoin de découvrir, de savoir, qui déborde les simples caractéristiques intellectuelles, à celui de construire, de créer, à celui encore de se dévouer ou d'être aimé...

Le point commun, rappelons-le, à tous ces besoins, c'est qu'ils causent de la douleur et que leur satisfaction donne du plaisir.

Tirez-en vous-même les conclusions quant au comportement à adopter, au quotidien, envers ce candidat dès son entrée en fonction : pour le maintenir en situation de réussite, il faut régulièrement lui procurer le plaisir dont il a besoin.

Pour la plupart, ils sont gratuits, il suffit en vérité d'y penser ; mais d'y penser en permanence. Rappelez-vous le réflexe douloureux de la faim, dont l'assouvissement nous procure du plaisir (et imaginez avec horreur un individu programmé à l'envers, qui aurait plaisir à avoir faim et souffrirait de manger !) : cette satisfaction est provisoire, bientôt le besoin resurgira...

Revenons encore sur un point.

Nos instincts appartiennent à notre nature animale, nous ne les mettons pas volontiers au cœur du débat, nous les badigeonnons au moins du vernis des convenances sociales, de la morale de la mode, ou bien nous les enfouissons si loin que nul ne les soupçonne.

Pour les mettre en lumière, une conversation de bon ton s'avère stérile ; il faut que notre interlocuteur perde sa maîtrise, nous devons le *déstabiliser*.

Nous connaissons les thèmes propices à cette déstabilisation : ce sont ceux qui présentent un contenu émotionnel important (la crise, l'échec, l'accident, l'argent, etc.) ; pensez à la question provocante... et n'oubliez pas de revenir sur terre dès que votre objectif est atteint.

Le couple douleur-plaisir caractérise l'instinct et le réflexe conditionné ; c'est toujours grâce à lui que vous reconnaîtrez le « levier », et que vous ne risquez pas de le confondre avec une caractéristique sociale qui présentait avec lui quelque ressemblance.

Chapitre 10

Interprétation des signaux

Vous constatez que tout notre travail jusqu'ici a consisté à percevoir des informations, des indices, des signaux et à les provoquer quand nous n'en percevions pas suffisamment spontanément.

Pour cette raison, je vous ai recommandé la plus totale disponibilité de tous vos sens (au moins l'ouïe et la vue !...) comme la plus grande attention : je sais bien qu'il faut se concentrer pour percevoir non seulement le contenu de l'information, mais aussi le mode d'expression verbale (les verbes, les temps, les sujets...) et encore les gestes et mimiques qui l'accompagnent.

Et notre esprit, parallèlement, gère les fils conducteurs rompus au fil de la conversation naturelle par les opportunités.

C'est bien ce qui se passe durant les deux premiers tiers de l'entretien consacrés à acquérir des informations, percevoir des indices.

En un mot : observer.

Ce sont des comportements, des manières d'être et de faire, des processus, que nous avons observés de façon suffisamment attentive pour pouvoir les décrire ensuite. La modestie et l'éthique nous interdisent de nous considérer comme des étalons, c'est-à-dire d'évaluer autrui par rapport à nous (« il parle bien anglais » signifiant alors « il parle anglais mieux que moi ») ; nous ne pouvons évoquer un trait de personnalité chez un candidat que parce que nous avons observé un comportement.

C'est là que nous sommes arrivés ; le dernier tiers de l'entretien va nous permettre :

- de forger *in petto* des hypothèses ;
- de les soumettre à vérification par de nouvelles questions (fermées ou alternatives) ;

– de découvrir les informations qui nous manquent encore (par de nouvelles questions ouvertes) ;
– de conclure l'entretien.

J'insiste bien sur ce point : c'est quand nous avons encore notre visiteur sur le feu pour un quart d'heure ou vingt minutes qu'il convient de se livrer à cet exercice ; dès qu'il est parti, il est trop tard, puisque nous ne pouvons plus lui poser de questions !

Je sais qu'il est difficile de mener de front deux choses à la fois (réfléchir et mener l'entretien tout en étant attentif à tout) ; en vérité, dans cette phase de l'entretien, votre esprit est mobilisé sur quatre plans : la conversation, qui continue d'avancer ; les filières, dont vous gardez conscience ; l'observation des signaux verbaux, écrits et gestuels reçus ; le temps qui passe, c'est-à-dire la fin de l'entretien qui approche. C'est une question d'entraînement, comme la gymnastique... Cela dit, je trouve cela encore plus amusant que difficile !

Passons donc en revue quelques méthodes usuelles pour pronostiquer la réussite professionnelle à partir de tout ce que nous venons d'apprendre.

Le modèle

On appelle « modèle » une personne physique connue dont on sait qu'elle réussit bien dans la fonction. La méthode consiste à comparer mentalement le visiteur au modèle et à s'interroger sur ses types de réaction dans des situations anecdotiques connues.

Cette méthode est instinctivement largement utilisée dans les entreprises, puisque le responsable de recrutement et aussi la hiérarchie disposent de modèles (les hommes de l'entreprise ou de la concurrence qui réussissent).

Mais vous en voyez vite les limites : elle tend à uniformiser les populations (facteur d'appauvrissement) en éloignant un candidat, qui aurait peut-être encore mieux réussi, sous prétexte qu'il est différent du modèle.

Le cahier des charges

Rédigeant naguère votre étude de poste avant de commencer la recherche, vous avez décrit à grands traits le comportement et les traits de personnalité de l'individu recherché.

Lorsque au sein d'une grande entreprise, vous recrutez des cadres débutants, l'essentiel est de discerner les candidats qui vont s'épanouir dans la durée et faire carrière dans l'entreprise : les spécifications du poste s'effacent alors devant quelques caractéristiques (disponibilité mentale, mobilité, esprit d'équipe, communication...) considérées comme essentielles, quel que soit le premier poste occupé, pour réussir dans cette entreprise.

Parce que cette description est plus abstraite que la personnalité du modèle, elle revêt un caractère moins relatif et permet donc d'échapper à l'inconvénient cité plus haut ; mais pour cette même raison d'abstraction, elle semble plus difficile à mettre en œuvre ; c'est qu'il faut passer mentalement par quelques opérations intermédiaires pour y arriver.

L'esquisse

La grosse difficulté provient en vérité de ce que nous avons trop d'informations, une multitude de signaux épars recueillis pendant trente ou quarante minutes d'entretien... et que nous ne savons qu'en faire !

Cette situation est comparable à celle du peintre qui plante son chevalet dans un paysage un dimanche matin : il est assailli d'informations (les arbres et les feuilles des arbres, la prairie avec ses brins d'herbe et ses pâquerettes, les maisons, les nuages dans le ciel...) et ne sait par où commencer.

Il applique alors une méthode éprouvée qui consiste à fermer à demi les yeux : tous les détails disparaissent, il ne reste plus que des grosses masses (tel arbre devient une boule, l'église n'est plus qu'un triangle, etc.) qu'il lui est facile de porter sur la toile avec des dimensions et des positions respectives justes. L'esquisse mise en place, il peut prendre tout son temps pour introduire les détails et les nuances qui conviennent.

Je vous propose d'appliquer une méthode similaire : ne cherchons pas pour commencer à faire dans le détail et la nuance, nous produirions une « œuvre » informe ; cherchons à dessiner les traits saillants (donc importants) par une simplification volontaire.

Dites-vous bien que ce n'est pas le fini qui fait la ressemblance ; pour vous en convaincre, regardez les caricatures des grands de ce monde dans les journaux : je les ai toujours trouvées beaucoup plus ressemblantes que les photographies (surtout les portraits officiels !).

Apprenons donc à « cligner des yeux » !

Vous vous souvenez que l'alternative est une question qui propose un couple de contraires ; nous l'utilisons ici avec profit pour nous fixer les idées ; nous allons nous poser mentalement à nous-mêmes des dilemmes.

Imaginons que le cahier des charges mette en avant la vertu illustrée par l'adjectif « ordonné » ; vous constituez donc dans votre tête le couple de contraires « ordonné-brouillon » et vous vous posez le dilemme : dois-je le mettre dans la catégorie des ordonnés ou des brouillons ?

De quels indices disposons-nous au crédit de « ordonné » ?

- – ses affirmations : à plusieurs reprises, il a réaffirmé la nécessité de bien *organiser* les choses, pour anticiper les ennuis et les acrobaties ; parmi les fonctions de direction, il a cité spontanément en premier *organiser* ;
- – ses constructions verbales : utilisation de *je* dans les expressions *je mets de l'ordre, je classe, je planifie* ;
- – ses mimiques : expressions douloureuses accompagnant les mots *désordre, pagaille, foutoir.*

En contrepartie, dans cet entretien, nous ne disposons d'aucun indice en faveur de « brouillon » ; mais ce n'est pas forcément le cas.

Forcez-vous à répondre sans nuance ; exagérez votre pensée, qu'il entre tout entier dans l'une des deux catégories, interdisez-vous (pour l'instant) les moitié-moitié ou les 80 %-20 % : l'église n'est encore qu'un triangle, l'arbre qu'une boule, il sera toujours temps de raffiner ensuite si nécessaire.

Bien sûr, même si vous avez de très fortes raisons de penser ce que vous pensez, ce n'est encore qu'une hypothèse, qu'il va falloir valider (voyez un peu plus loin Validation des hypothèses) avant de passer à un autre adjectif cité...

Passons ensuite à un autre adjectif cité dans le cahier des charges : « rapide ». Constituez votre couple (rapide-lent) et posez-vous le dilemme en vous forçant à caricaturer.

Et ainsi de suite.

Voilà que commence à se dessiner l'esquisse, grossière certes, mais déjà ressemblante parce que juste en proportions et mettant en relief ce qui est significatif.

Après cinq ou six dilemmes de ce genre (à condition de ne pas rester sur des adjectifs de sens trop proche), la caricature est prête.

Analogies

Il convient maintenant de placer quelques touches de détail et de nuances.

Reprenons donc le premier adjectif (ordonné) puisque dans le couple « ordonné-brouillon » c'est pour lui que nous avons opté.

Il existe des adjectifs qui présentent des analogies avec « ordonné » sans désigner rigoureusement la même chose, comme « précis » ou « méticuleux ».

« Ordonné » signifie « qui range » ; mais on peut ranger dans la mauvaise case. « Précis » n'est pas synonyme d'« ordonné » : avec

« précis » (couple « précis-flou »), on est dans la bonne case, mais c'est peut-être froissé ou taché de graisse ! « Méticuleux » n'est donc, là encore pas tout à fait la même chose.

Quels indices militent donc dans le sens de « précis » ? Ils ne sont pas flagrants :

- dans sa description de la planification, il insiste sur les *grandes lignes*, le *dégrossissage* et ajoute : il sera toujours temps de régler les *détails* sur le terrain ;
- l'expression « net et précis » qu'il utilise souvent pourrait bien n'être qu'un fossile.

Je préfère donc opter pour l'hypothèse « organisé-flou »... sous réserve de validation.

Vous voyez qu'à partir du premier adjectif choisi (« ordonné » en l'occurrence), je peux, par le jeu des analogies, me proposer de nouveaux dilemmes qui vont me permettre d'affiner mon esquisse de caricature ; n'en cherchons pas trop (deux ou trois suffisent).

Car il me faut maintenant procéder à la même opération pour le deuxième adjectif choisi initialement (c'était « rapide »). Vous sentez bien qu'il y a plusieurs façons d'être rapide (comme de courir très vite sur une courte distance ou de garder une allure régulière sur une plus longue ; comme de partir bille en tête sans réfléchir ni regarder ou prendre le temps d'examiner l'itinéraire pour aller droit au but). A nouveau donc, pour préciser « rapide », nous allons imaginer des couples de contraires, nous proposer des dilemmes et y répondre.

L'esquisse de caricature reposait sur cinq ou six dilemmes, avons-nous dit ; chacun des adjectifs trouvés supporte deux ou trois analogies : cela nous donne arithmétiquement entre 10 et 18 adjectifs, et notre portrait est déjà bien riche.

Il n'est même pas vraiment nécessaire de le pousser aussi loin : si vous ne vous sentez pas trop de goût (ou de talent) pour le détail, réduisez ce paragraphe en proportion.

En revanche, ne faites surtout pas l'impasse sur le suivant.

Corrélations

Qu'est-ce donc qu'un corrélat, et en quoi se distingue-t-il d'une analogie ?

Reprenons l'exemple de notre adjectif « ordonné » auquel nous avions associé par *analogie* « précis » et « méticuleux ». Admettons que nous ayons déjà confirmé des qualités d'organisation, de préparation, de planification et de contrôle, toujours par le jeu des *analogies*, puisque nous restons dans le même registre.

Sortons maintenant de ce registre : bien préparer, planifier, contrôler, tout cela prend du temps ; nous sommes donc tentés de penser à l'adjectif « lent », qui n'est pas dans le même registre que « ordonné-précis-méticuleux-organisé » ; ce n'est pas une analogie, c'est un *corrélat*. Il nous fournit une nouvelle hypothèse, qu'il va falloir valider.

Ce corrélat « lent » a été obtenu en pensant aux *conséquences* possibles d'un comportement déterminé ; nous devons aussi penser à la *cause* probable, ce serait un autre corrélat. Cet homme qui prépare, planifie, contrôle avec soin, fait-il preuve d'audace, de confiance en soi, ou au contraire de crainte ? L'adjectif « peureux » vient donc en tête, nouveau corrélat à soumettre lui aussi à vérification.

Votre mécanisme de pensée est ici, notez-le, toujours celui du peintre, qui sait qu'à une tache de lumière correspond obligatoirement une ombre propre et une ombre portée, sans qu'il n'accorde de valeur morale à la lumière et aux ombres ! Dès que vous avez imaginé et validé une hypothèse (surtout si c'est un point positif pour les spécifications du poste), pensez : « Si j'ai été capable de découvrir cette caractéristique, c'est qu'elle était visible, donc dans la lumière ; elle a donc forcément une contrepartie dans l'ombre, que j'ai le devoir de découvrir aussi. »

Puisque vous pensez « Je le sens dynamique », posez-vous la question « Est-il organisé ? » ou bien « Il veut réussir... tient-il compte d'autrui ? » ou encore « Quelle autorité !... sait-il contrôler ? » tant il est vrai qu'un pôle Nord ne peut être conçu sans l'existence formelle d'un pôle Sud, même s'il n'a pas encore été découvert.

Ces questions de corrélation reposent plus sur votre bon sens que sur des connaissances théoriques en psychologie. L'important est que vous pensiez à vous les poser, pour conduire l'entretien – tout du moins ce qu'il en reste –, pour découvrir les ombres propres et les ombres portées ; sinon votre portrait « sonnerait faux ».

J'accorde aux corrélats une autre vertu, celle d'améliorer la qualité de votre communication avec le demandeur ; sans hésiter, il vous demanderait un aide-comptable sûr de soi, organisé, rapide et méticuleux ! Parlez-lui alors des ombres propres et portées inéluctables dès qu'il y a un point lumineux, cela vous aidera tous deux à hiérarchiser les caractéristiques vraiment nécessaires.

Bien sûr, l'homme peut exister qui réunisse des propriétés que notre raisonnement juge contradictoires ; mais il est forcément rare (heureusement d'ailleurs, puisque c'est un monstre...).

Validation des hypothèses

Tout ce travail (esquisse, analogies, corrélats) se fait dans votre tête, vous courez donc à chaque instant le risque d'interpréter de façon approximative. Mais vous n'avez évidemment pas le droit de conclure

ʾ Les éditions d'organisation

sur des interprétations de ce genre : vous devez d'abord les soumettre à validation.

Or, nous ne pouvons généralement pas valider directement des hypothèses sur des traits de personnalité ; je vous vois mal demander : « J'ai le sentiment que vous êtes sot (ou méchant, ou fainéant), voudriez-vous me confirmer ? ». C'est donc par le biais de **scénarios de comportement** que vous allez progressivement valider vos hypothèses.

Le principe est le suivant :
- construire une **situation** avec une **contrainte** ;
- envisager **deux actions diamétralement opposées** ;
- **faire choisir** notre interlocuteur entre ces deux actions.

Les matériaux pour construire la situation vous ont été généralement livrés par votre interlocuteur lui-même durant l'entretien. Mais vous pouvez la créer de toutes pièces (comme vous pouvez avoir votre petit catalogue personnel de situations contraignantes). Préférez pour commencer les situations anodines (voire extra-professionnelles), afin de ne pas rendre trop évidente la réponse que vous jugerez *bonne* (peut-être faudra-t-il deux ou trois scénarios en cascade pour cerner de plus près ce que vous cherchez à valider). Imposer une **contrainte** est indispensable pour forcer le choix.

Vous proposez un choix entre des **actions** (et non pas entre des principes, des idées ou des goûts). Les deux actions que vous proposez doivent constituer un vrai **dilemme**, c'est-à-dire qu'elles s'excluent mutuellement (on ne peut pas faire les deux), qu'il n'y a pas de troisième voie et qu'elles sont bien équilibrées (pas que l'une soit valorisante et l'autre péjorative).

Comme tout cela vous paraît encore bien abstrait, illustrons de quelques exemples...

– Le commercial dynamique

De ce **commercial**, vous avez l'impression forte qu'il est **dynamique**, bien investi dans l'action (parce que son allure physique est athlétique, parce qu'il s'exprime de façon vivante, parce qu'il dit pratiquer plein de sports...) : vous disposez bien d'un **faisceau d'indices** qui vous fait pencher, lorsque vous clignez des yeux, vers cette **hypothèse** d'engagement physique. Mais rien n'est certain encore.

Nous sommes d'accord qu'il est inutile de lui poser la question fermée « Êtes-vous dynamique ? », il faut lui poser un **dilemme dans l'action**. Imaginons une situation contraignante. Je vous suggère cette première situation, volontairement hors du métier :

« Tard un vendredi soir, vous rentrez d'une tournée épuisante et aspirez à un week-end de *farniente*. Or votre femme vous annonce que votre samedi matin est déjà programmé : vous avez le choix entre bêcher le jardin ou mettre enfin en ordre les papiers de la banque. Que choisissez-vous ? »

S'il choisit le jardin, vous sentez votre hypothèse se confirmer ; mais vous concevez simultanément un soupçon : et s'il détestait les chiffres ?! Donc vous avez besoin de créer une nouvelle situation contraignante, plutôt maintenant dans le domaine professionnel.

Prenons un autre exemple, emprunté lui à la zone socio-affective, puisque le premier l'était à la zone vitale :

– L'autorité de compétence du directeur des Recherches & Développements

Votre visiteur est un **directeur R & D**, et vous disposez d'**indices** qui vous donnent à penser qu'il exerce une **autorité de compétence** (il est intarissable sur les sujets techniques – de sa technique à lui –, il se déclare motivé par l'innovation technologique, il exprime sa fierté d'avoir trouvé des solutions originales...). Tant que vous en restez à ce **faisceau de présomptions**, votre conscience des indices vaut certes plus que la simple intuition, mais vous êtes encore loin de l'**intime conviction**. Appelez alors à la rescousse une situation crédible :

« Dans un projet, vous avez imaginé successivement 4 solutions originales pour réaliser une fonction nouvelle, elles ont toutes échoué. A la lumière de ces échecs, vous imaginez une cinquième solution, que vous estimez révolutionnaire, inédite et particulièrement élégante. »

Vous le sentez, mon technicien de choc ? Bien sûr, c'est lui-même qui, au cours de la période d'acquisition des informations par questions ouvertes, vous a fourni des indications de ce tonneau. Il me faut une contrainte forte :

« Vos collaborateurs, fatigués par ces essais successifs et infructueux, et le responsable du marketing, impatient, voudraient revenir à une solution classique. »

Le délai promis, le budget consommé et les attitudes négatives d'autrui vous fourniront des contraintes applicables à tous les cas de figure. Et maintenant, un bon dilemme :

« Allez-vous convaincre tout le monde de votre conception révolutionnaire (porteuse de gloire si elle réussit) au risque d'une durée exagérée de sa mise au point voire d'un nouvel échec ou bien y renoncer, pour aboutir vite à une réalisation fiable, quoique sans grande originalité ? »

Non seulement, sa réponse valide (ou non) sa force d'influence sur autrui au moyen de la compétence, mais elle vous apporte de nouvelles hypothèses :

S'il se sent suffisamment fort pour convaincre tout le monde que la formule inédite va enfin marcher, est-il vraiment capable d'entendre et de comprendre les objectifs, contraintes et préoccupations d'autrui, afin de les gérer ? Et l'autorité de compétence n'est-elle pas alors mêlée d'orgueil ? S'il renonce à ses projets pour faire simple, demandons-nous s'il sait argumenter et faire valoir son point de vue, convaincre ou négocier ?

Là encore, vous pouvez approfondir (ou affiner) votre validation. Comme tout manager participe des trois styles (statutaire, compétence et charismatique), tentez donc de mettre ces styles en concurrence :

Voilà la situation contraignante que je vous propose et le dilemme cornélien qui va la résoudre.

« Deux de vos collaborateurs directs expriment le désir de prendre leurs vacances en même temps, ce qui est totalement impossible pour le fonctionnement du service, compte tenu des objectifs. Les réunissez-vous pour en débattre (car vous savez bien qu'ils se rangeront sans peine à votre avis) ou coupez-vous court en appliquant le règlement (le premier qui a rempli sa demande est prioritaire) ? »

S'il opte pour le *faux débat*, c'est qu'il fait confiance à son influence sur ses collaborateurs en dehors d'un problème technique (donc où l'autorité de compétence n'intervient pas) : c'est un signe de **charisme**. S'il préfère appliquer le *règlement*, le signe en question devient fortement **statutaire**.

Je sens bien que la mécanique de la validation des hypothèses par scénario contraignant et dilemme commence à venir. Au diable l'avarice, voici un troisième exemple dans la zone intellectuelle, celui-ci :

– Le chef d'agence soucieux de rigueur

Vous avez de fortes raisons de penser que ce **chef d'agence** est un personnage de grande **rigueur** : il insiste tant sur la nécessité de bien *organiser* les choses, de *contrôler* attentivement, les mots *exactitude* et *précision* lui emplissent la bouche de plaisir.

Une situation contraignante crédible dans ce cas est la suivante :

« Vous devez faire partir ce soir, dernier délai, un mailing accompagné du nouveau catalogue, aux 150 clients de votre agence. Tout est prêt pour partir à la poste lorsque vous découvrez une erreur (inversion des caractéristiques de deux produits) à la page 7 du catalogue. »

Et le dilemme vient tout naturellement :

« Préférez-vous fermer les yeux sur cette erreur et laisser partir quand même le mailing ou bien tout arrêter pour faire coller un papillon *erratum* sur les 150 exemplaires, ce qui retardera d'une journée l'envoi ? »

Dans un cas, le souci de la rigueur se laisse tempérer par d'autres priorités, il n'est donc pas obsessionnel ni pathologique. Dans l'autre, le souci d'exactitude l'emporte sur la valeur de la rapidité, et vous allez vouloir évaluer si nous risquons jusqu'à la paralysie devant l'action. Et donc, vous avez besoin d'un autre scénario avec dilemme pour élucider ce point-là.

Notez que le même scénario peut servir à valider des hypothèses différentes : si nous avions craint que le directeur R & D de tout à l'heure génère, par son autorité de compétence des troubles dans l'équipe, il suffisait, pour valider cette nouvelle hypothèse à partir de la même situation (solution inédite contre solution classique), de modifier légèrement le dilemme :

« Allez-vous convaincre tout le monde de votre conception révolutionnaire (porteuse de gloire si elle réussit) au risque de **générer encore plus d'énervement et d'acrimonie** si la mise au point dure ou échoue ou bien y renoncer, pour aboutir **dans la bonne humeur générale** à une réalisation fiable, quoique sans grande originalité ? »

Le dilemme de tout à l'heure faisait intervenir le temps, celui-ci met en scène l'ambiance.

Vous me dites : il faut réfléchir, cela prend du temps et est donc contraire à l'impératif de rythme, de vivacité, de spontanéité. Cet impératif visait la grande période de découverte, vous y êtes moins tenu dans cette phase de validation.

Enoncez donc votre cas, et proposez à votre interlocuteur un dilemme, c'est-à-dire le choix entre deux actions contraires, en respectant les règles suivantes :

– il doit y avoir une **contrainte** forte : la liberté totale d'action rendrait la réponse floue ;
– la question alternative doit exprimer des **actions** : c'est ce qu'il va faire qui nous intéresse ici, pas ce qu'il pense ou croit ;
– les deux branches de l'alternative doivent être **équilibrées** : si l'une est valorisante et l'autre péjorative, il choisira la première, et nous ne pourrons rien en conclure ;
– si vous craignez que votre alternative soit trop transparente, qu'elle trahisse vos soupçons, commencez par une autre, plus anodine ; vous aurez alors besoin d'un deuxième, voire d'un troisième dilemme pour vous rapprocher de ce que vous cherchez à valider ;
– enfin, elles doivent s'exclure mutuellement : sinon, dans l'embarras, il aurait la possibilité de faire les deux propositions à la fois !

Acceptez les choix de votre interlocuteur, même lorsqu'ils viennent démentir votre hypothèse (ayons cette humilité de reconnaître nos erreurs d'interprétation) ; mais s'ils viennent contredire des affirmations antérieures, signalez ouvertement l'incohérence et demandez des précisions, à nouveau sous forme de dilemmes successifs, en étant très attentif aux manifestations de sincérité comme de trouble.

En conclusion, vous le voyez se dessiner, ce portrait comportemental de notre visiteur, d'abord grossier et de plus en plus affiné.

Pensez bien que c'est dans le dernier quart d'heure de l'entretien que vous devez vous livrer à cet exercice, puisqu'il exige de nouvelles questions pour confirmer ou infirmer vos hypothèses successives. La bonne gestion de votre entretien va vous aider à organiser votre temps.

Chapitre 11

Gestion de l'entretien

Le temps que nous passons en entretien représente l'essentiel du coût de nos opérations de recrutement ; il est donc indispensable de le bien gérer, ce qui revient à dire d'avancer au plus tôt vers notre objectif, qui est de pronostiquer une réussite professionnelle.

Rappelons que l'entretien comprend quatre phases :
- la phase *accueil*, destinée à faire tomber les défenses et à créer le climat conversationnel : elle doit être brève (à peu près une minute), ce qui ne signifie pas qu'elle soit mineure ;
- la phase *acquisition des informations* (1) est, en revanche, la plus longue (30 à 45 mn) ; comme elle a toutes les caractéristiques d'une conversation à bâtons rompus, elle court le risque de vous embarquer involontairement loin de vos objectifs ; pour cette raison, elle exige une gestion soignée ;
- la phase *interprétation et contrôles* dure 10 à 20 mn, en recouvrant plus ou moins la fin de la phase précédente ; comme elle exige un effort de réflexion supplémentaire *sans interrompre l'entretien* et qu'elle présente un caractère irréversible (dans un instant, il sera trop tard !), sa bonne gestion est primordiale ;
- la phase *conclusion*, que nous n'avons pas encore vue, mais qui est brève (1 à 2 mn) et qui ne nécessite aucune précaution de gestion particulière (ouf !)

---

(1) Rappelons ici que les informations que nous donnons au candidat (sur l'entreprise et le poste à pourvoir) constituent un *sujet de conversation*, prétexte à acquérir des informations sur lui ; ce n'est donc pas une phase distincte.

Les éditions d'organisation

Les notes

Certaines d'entre vous prennent des notes abondantes ; lorsque nous essayons de les relire ensemble (la plupart du temps, c'est franchement illisible), nous constatons que ces notes reprennent des informations existant dans les documents remplis par le visiteur ; elles font donc double emploi, et même triple, puisque le visiteur nous remet en général son propre CV en plus de notre formulaire !

Cette surabondance de notes trahit votre insécurité et rien d'autre : elles vous donnent une contenance, elles vous rassurent.

Or, elles sont non seulement inutiles, mais nuisibles : en effet, chaque fois que vous écrivez, vous rompez le rythme conversationnel, vous quittez l'autre des yeux, vous affaiblissez votre attention vers lui pour la reporter sur votre papier.

Cela signifie-t-il qu'il ne faudrait prendre aucune note ? Je ne vous le conseille pas non plus, pour deux raisons :
- il existe des éléments d'informations *qui ne figurent pas* dans les documents et que nous risquons d'oublier : ce sont souvent des chiffres (montant d'un contrat, effectif d'une équipe, etc.), des noms propres ou des citations ; en revanche, le déroulement qualitatif des événements reste facilement en mémoire ;
- prendre des notes est, dans notre culture commune avec nos visiteurs, une marque d'intérêt ; n'en pas prendre du tout serait donc synonyme de désintérêt.

Décidons donc de prendre quelques notes, de façon mesurée et utile.

Notons tout d'abord la première idée qui nous est venue en tête, au moment où nous avons accueilli le visiteur : c'est le plus souvent un détail physique, une particularité vestimentaire, une ressemblance, un aspect de comportement dans le salon d'attente ; elle permet de camper le personnage.

Cette première idée est importante ; elle va nous rafraîchir la mémoire d'un seul coup lorsque, dans huit jours, nous entreprendrons la rédaction de la note de candidature (surtout en l'absence de plus en plus fréquente de photo) ; et elle nous fournira, la plupart du temps, la première phase, originale et adaptée, de cette note.

Ensuite, contentons-nous d'enregistrer au fur et à mesure (dans la moitié gauche de la page, je vous explique plus loin pourquoi) les quelques informations importantes, *ne figurant pas dans les documents remplis par le candidat,* que nous risquerions d'oublier : quelques chiffres, une ou deux expressions entre guillemets, des noms propres, pour tout l'entretien peut-être cinq à dix informations...

Gestion des filières

Durant toute la phase d'acquisition, la conversation saute du coq-à-l'âne, puisque vous rebondissez sur un mot ou une idée pour poser votre question suivante. Pour reprendre la comparaison avec Stanley au milieu de la *terra incognita,* vous changez de sentier au gré des événements et de vos découvertes.

Il est donc indispensable de dresser au fur et à mesure la carte de la *terra incognito,* le dessin des sentiers essayés, les points où ils ont été abandonnés, les obstacles ou points de repère rencontrés.

C'est à tout cela que sert la moitié droite de votre page de notes.

Prenons un exemple pris dans cette phase d'acquisition ; l'autre vient de prononcer la phrase : « J'avais envie de jouer un rôle de manager » sur laquelle vous allez rebondir, puisque nous sommes au rythme conversationnel ; mais comment allez-vous rebondir ?

Cela dépend de votre tempérament, de votre inspiration et de tout ce qui s'est passé avant : il n'y a pas une bonne façon de rebondir, il n'y a qu'une obligation de rebondissement.

Ainsi, ce peut être « j'avais envie » qui vous frappe et qui vous amène à la filière Motivations (alors que vous en étiez par exemple à la chronologie) ; mais ce peut être aussi le mot « manager » qui vous conduit à prendre la filière Fonctions de direction ; à moins que vous ne soupçonniez qu'il s'agisse d'un mot complice.

Or quelle que soit la décision que vous preniez – et vous allez la prendre d'instinct –, il vous faut baliser le terrain, faire une marque sur l'arbre où vous quittez le sentier, repérer d'où vous venez, où vous allez et les autres possibilités de trajet que, provisoirement, vous négligez.

Dans la partie droite de votre feuille de notes apparaissent donc les hiéroglyphes suivants :

$$CH$$
$$MNG$$
$$MC ? \qquad FD \qquad MOT$$

qui se déchiffrent ainsi : j'étais sur la filière « chronologie », et le mot « manager » m'a amené à continuer sur la filière « fonctions de direction » alors que j'aurais pu aller vers la filière « motivation » ; il me faudra donc l'essayer plus tard ; je peux aussi éprouver le soupçon qu'il ne s'agissait que d'une tentative de complicité ; si j'éprouve à nouveau un tel soupçon, je m'en occuperai.

Quel est l'intérêt de ces hiéroglyphes ? Tout d'abord, ils sont simples à enregistrer, ne détournent guère l'attention, ne rompent pas vraiment le rythme de la conversation. En deuxième lieu, un simple

ʒ Les éditions d'organisation

coup d'œil renseigne sur la richesse des filières utilisées et sur celles qui ne l'ont pas été (si trois « MOT » apparaissent en position latérale, alors que cinq « CH » figurent en position centrale, il est grand temps de s'intéresser aux motivations !).

Quel en est le danger ? Si vous notez ces signes cabalistiques avec tant d'ostentation que vous attirez l'attention de votre visiteur, il va le ressentir comme une sorte de menace, puisque vous maniez le secret. Vous devez donc opérer avec discrétion et naturel.

Dès que vous aurez acquis suffisamment de maîtrise dans le maniement de vos filières, vous ne sentirez plus le besoin des hiéroglyphes mnémotechniques ; abandonnez-les alors.

Gestion de l'interprétation

A la « mi-temps », seul le haut de notre feuille de notes est utilisé (par six à dix chiffres ou noms à gauche et une dizaine de hiéroglyphes à droite) ; nous allons donc utiliser le bas pour gérer la fin de l'entretien consacré aux hypothèses et aux contrôles.

Vous allez constater tout d'abord un phénomène curieux ; vous vous souvenez qu'une personnalité repose sur trois centres (la tête, le cœur, les tripes) et qu'il nous faut donc un nombre raisonnable d'éclairages sur chacun de ces centres ; or nous constatons presque toujours un déséquilibre (par exemple, nous avons beaucoup d'idées sur la tête et pas du tout sur les tripes). Je suppose que cela est tout simplement dû au fait que notre visiteur laisse plus volontiers voir son bon profil que l'autre, ou bien que nous sommes mieux prédisposés à ceci qu'à cela ; quoi qu'il en soit, il est grand temps de le constater, pour acquérir les signaux ou indices qui nous manquent ; le jeu des corrélations (qui nous oblige à changer de registre, contrairement à celui des analogies) nous y aide beaucoup.

Je vous suggère donc de partager mentalement votre bas de page en trois zones, de gauche à droite, réservées respectivement aux caractéristiques intellectuelles, sociales et vitales ; ici également vous opérez par initiales ou hiéroglyphes, ne conservant que les branches de dilemmes pour lesquelles vous avez opté ; au moment de choisir vos couples d'adjectifs contraires pour vous poser des dilemmes, vous verrez bien si l'une de ces zones s'alourdit dangereusement et si une autre, au contraire, reste obstinément vide.

Dès que les trois zones sont homogènes et suffisamment riches, votre entretien est quasi terminé, il ne vous reste plus qu'à conclure.

L'effort de réflexion des dernières minutes de l'entretien est, nous l'avons vu, indispensable (dès que le visiteur nous aura quitté, il sera trop tard) ; il a une autre vertu : celle de graver dans votre mémoire sa personnalité et son comportement.

Lorsque vous reprendrez, même dans huit jours, vos notes, dès la première idée notée (ce détail physique, vestimentaire ou comportemental), tout vous revient spontanément en tête, mais de façon structurée, forte en détails significatifs, et la note de candidature s'écrit toute seule.

Bientôt, vous n'avez plus besoin de la partie inférieure de la feuille, d'instinct vous saurez où vous en êtes, et vous n'écrirez plus rien dans cette zone. Mais vous devez maintenir cette pratique encore pour vous obliger à réfléchir avant la fin de l'entretien, à « débriefer » tout ça et avoir les idées claires, car c'est *l'effort intellectuel* qui est ici porteur de mémoire. Ne courez pas le risque de retomber dans votre habitude antérieure de laisser partir le visiteur avant d'avoir fait cet effort.

Je vous conseille de ne jamais écrire votre compte rendu aussitôt après l'entretien, laissez passer au moins la nuit, sinon vous seriez encore gêné par l'accessoire au détriment de l'essentiel ; il faut laisser décanter d'elles-mêmes les scories pour que l'effort de réflexion et d'interprétation joue pleinement son rôle mnémotechnique. *Mais il faut écrire un rapport, même si cela ne vous est pas demandé expressément, même si vous recrutez pour vous-même.*

Chapitre 12

Conclure l'entretien

Au point où nous en sommes, nous avons quasiment terminé, il ne reste qu'à conclure.

Conclure, c'est dire que c'est terminé et annoncer ce qui va se passer maintenant.

Bien sûr il y a trois cas :
— vous estimez qu'il fait un bon candidat pour ce poste ;
— vous ne pouvez encore décider ;
— vous avez déjà décidé qu'il ne convient pas.

Candidat avec qui vous avez décidé de continuer

Annoncez-lui aussitôt la bonne nouvelle et le programme des « réjouissances » à venir : si vous êtes chargé du recrutement au service du personnel (ou consultant dans un cabinet), il doit rencontrer maintenant son éventuel futur chef (le directeur de l'usine, le chef comptable, le directeur régional des ventes) ; si vous êtes ce même éventuel futur chef, il doit rencontrer le chef du personnel ou le directeur général.

Prenez aussitôt rendez-vous (soyons bien directifs à cet égard) pour ce nouvel entretien : s'il peut avoir lieu sur-le-champ, tant mieux, pourquoi perdre du temps ?

N'oublions pas de mettre aussitôt en chantier toutes les opérations complémentaires (avis graphologique, contrôle de diplôme, conversation avec les anciens patrons) et de rédiger la note de candidature.

Candidat douteux

C'est presque toujours le cas pour les premiers rencontrés lors d'une recherche : vous auriez espéré mieux, mais vous craignez que les suivants ne soient pires ! Annoncez franchement la couleur : « Je viens juste de commencer mes entretiens, il va me falloir rencontrer un peu plus de monde pour me faire une idée ; *a priori,* le point faible de votre candidature, c'est l'anglais (ou la connaissance de l'automobile, ou la pratique de la CAO...). »

Conclure dans ces cas-là, c'est annoncer la *date de conclusion* : « Je vous appelle à la fin de la semaine prochaine pour vous dire ce qui va se passer. » A notre époque où l'on parle beaucoup de déontologie (mot complice ?), prononcer une date de décision en est une des manifestations les plus concrètes !

Pensez bien à respecter votre promesse !

Candidat non acceptable

Vous avez deux possibilités de conclusion ; la conclusion « lâche » consiste à vous ramener au cas précédent (hypocritement), à annoter néanmoins son dossier (sournoisement) et à vous décharger (paresseusement) sur une secrétaire du soin d'envoyer un imprimé administratif réglant la question ; la conclusion « courageuse » consiste à ne laisser aucun espoir au candidat tout de suite.

La conclusion « courageuse » est en vérité bénéfique pour tout le monde. Pour le candidat, il n'a pas à attendre (une semaine ? deux, trois, quatre ?) une réponse, il sait déjà à quoi s'en tenir ; si ça se trouve, il peut donner une réponse positive à la proposition qu'il a reçue hier. Pour nous, nous économisons une procédure et un timbre... et surtout le fait de penser à le faire dans les délais promis !

Cela dit, la conclusion « courageuse » n'exige pas que du courage, il lui faut aussi un minimum de technique.

En effet, à votre phrase aussi embarrassée qu'ampoulée : « Cher monsieur, à mon immense regret, car je reconnais bien des qualités à votre candidature, nous ne pourrons pas lui donner suite », l'autre ne peut que poser la question « pourquoi ? » et vos ennuis commencent.

Notez que, quelle que soit la façon polie, édulcorée ou administrative, de dire « non », l'autre demande toujours « pourquoi ? ».

Comme je vous vois mal répondre : « Nous exigeons pour ce poste quelqu'un d'intelligent et dynamique, donc vous voyez bien que vous ne pouvez convenir », vous allez vous rabattre sur un point de détail (« Vous ne parlez pas magyar » entraîne la réponse « Mais vous pouviez le savoir avant l'entretien ! » ou bien « Je suis doué pour les langues, j'apprendrai vite ») et entamer une bataille (puisque l'autre va se rebiffer). N'importe quel militaire vous dira que l'on n'entame que les batailles qu'on est sûr de gagner !

Or l'inconvénient majeur de cette bataille est qu'il y aura deux perdants : le candidat (qui sera de toute façon évincé) et vous-même.

En effet, le candidat évincé de cette façon va répéter à sa femme et à ses amis : « Dans cette boîte, ce sont des minables ; j'ai vu un soi-disant responsable du recrutement (ou directeur des achats ou consultant ou P.-D.G.) qui n'a aucune idée de ce qu'est un contrôleur de gestion (ou un directeur informatique ou un chef de fabrication) ; il n'a rien compris du poste. »

Alors rappelez-vous que notre image est portée par nos visiteurs (un responsable de recrutement en rencontre plusieurs centaines par an !).

Il faut donc refuser la bataille ; je ne connais qu'une façon, c'est d'amener l'autre à se désister.

Rappelez-vous les questions fermées particulières appelées depuis Socrate « maïeutiques » qu'utilisent les vendeurs pour emporter un accord ; nous allons les appliquer à ce cas bien particulier d'accord.

Vous jouissez d'une grande richesse d'informations concernant votre visiteur, notamment sur ses motivations ; vous avez pu déjà les confirmer et vous tenez donc des arguments (ce sont les idées à utiliser pour emporter l'accord).

Par exemple, puisque le juriste en face de vous a souligné à plusieurs reprises, durant la phase d'acquisition, qu'il est un *juriste de terrain,* vous posez, en phase de conclusion, la question alternative suivante : « Au bout du compte, vous vous définissez plutôt comme un juriste de terrain ou un juriste de dossiers ? » De sorte que vous êtes sûr qu'il va répondre « Comme un juriste de terrain » et comme vous voulez en être sûr, vous répétez : « Comme un juriste de terrain ? » et il va répondre « oui ».

C'est son premier « oui » ; vous allez le mettre au rythme des « oui » en disant : « Ce qui signifie que vous êtes plus efficace en agissant directement sur les gens qu'en instruisant vous-même des problèmes plus ou moins théoriques ?

– Oui.

– Ou bien peut-être que vous êtes plus heureux, plus épanoui, que vous aimez les contactezumains.

– Oui.

– Peut-on en déduire qu'un poste qui mettrait en avant l'aspect dossier, l'aspect administration ou l'aspect études vous conviendrait moins bien qu'un poste résolument tourné vers les opérationnels ?

– Oui.

– Si j'avais – hypothèse d'école – à pourvoir un poste comparable, mais résolument axé terrain, me demanderiez-vous de l'examiner ?

– Oui. »

Continuez d'enfoncer le clou, puisque vous êtes sûr. Surtout, *n'affirmez rien, posez des questions...* pourvu que la réponse soit obligatoirement « oui ».

Quand ce premier argument vous a permis d'engranger une bonne cargaison de « oui », vous passez au second.

« Si j'ai bien compris, vous avez eu beaucoup de plaisir à traiter ce problème international dont vous m'avez parlé.

– Oui.

– Aimeriez-vous retrouver cette occasion d'opérer au-delà des frontières hexagonales sur des dossiers un peu délicats ?

– Oui.

– De sorte qu'à choisir entre deux postes de dimensions voisines, l'un franco-français, l'autre ouvert sur le monde, vous opteriez pour le second ?

– Oui. »

Vous voyez qu'ici, contrairement à ce que je vous recommandais il n'y a pas longtemps, vous n'hésitez pas dans un dilemme à déséquilibrer les deux branches, puisque vous cherchez à imposer la réponse.

Le deuxième argument évacué, passez au troisième ; vous cernez l'interlocuteur de toutes parts, vous entourez complètement son raisonnement.

Vous sentez que vous approchez de la conclusion quand votre visiteur va subitement réfléchir (son regard monte au plafond) ; cela intervient après un bon nombre de « oui » de sa part ; l'idée se dessine dans sa tête qu'il était peut-être en train de faire une bêtise. Il va poser une question, réfléchir (respectez sa méditation), vous demander conseil.

Vous êtes en train de gagner : il se désiste... et vous est reconnaissant de l'avoir aidé !

Ce procédé demande un peu d'entraînement ; je comprends qu'il vous effarouche tant que vous ne l'avez pas bien en main. Exercez-vous sur des candidats surdimensionnés, c'est plus facile.

S'agit-il là d'une horrible et machiavélique manipulation ? Une bonne affaire est, par définition, celle qui satisfait les deux parties, faites donc qu'il parte content et dise à sa femme en rentrant à la

ˣ Les éditions d'organisation

maison : « J'ai rencontré un vrai grand pro, à qui je dois une fière chandelle car j'étais prêt à faire la bêtise de ma vie ! »

D'ailleurs, imaginons la situation inverse.

Candidat à remotiver

Votre visiteur présente toutes les caractéristiques d'expérience professionnelle et de personnalité pour réussir et faire une belle carrière chez vous, mais il y a un os ; que ce soit la localisation du poste à Givet, que ce soit le salaire ou autre chose, peu importe : vous sentez (ou êtes même déjà sûr) qu'il va se désister !

Comme vous voulez le *convaincre* de maintenir sa candidature, parce que vous êtes persuadé que c'est aussi son intérêt, vous allez appliquer en toute bonne conscience la même technique « maïeutique » en formulant toutes vos questions de telle manière qu'il ne puisse répondre que « oui », (méfiez-vous de vos tournures, il ne faut pas qu'il dise « non » !).

Chapitre 13

Rédigez votre portrait

Rédiger une note de candidature est une pratique régulière du professionnel en recrutement (je n'appelle pas « note de candidature » un tableau dans lequel on met des croix) ; j'invite tous les décideurs opérationnels et même les P.-D.G. à prendre cette habitude.

Quel est l'objet de la note de candidature ?

La note de candidature a un double objectif :
– à tout court terme : aider à la décision de recrutement, c'est-à-dire permettre la comparaison entre les candidats présélectionnés, argumenter chacune des candidatures, mettre en lumière ses points forts et ses points faibles ; prescrire le mode de management ;
– après l'engagement : conserver mémoire de cette évaluation initiale pour la comparer avec la réalité observée au fur et à mesure de la carrière de l'homme engagé ; consulter notamment tout ce que vous aviez alors prescrit comme « mode d'emploi » de cet homme-là, s'il subit (ou provoque) une crise ou bien lorsqu'il est question de le promouvoir ou de le muter.

Quand rédiger cette note ?

Surtout pas à chaud, je vous l'ai déjà conseillé ; laissez décanter les choses, au moins une nuit, au mieux trois jours.

Mais je vais vous demander un effort personnel : n'attendez pas l'avis de votre graphologue préférée ni les résultats des tests pour vous « mouiller » : écrivez vos propres conclusions, pronostics et recommandations tels qu'ils s'imposent à vous après l'entretien. Faites-le au brouillon, je veux bien, et gardez-le caché dans votre tiroir secret, pourquoi pas ? *Mais écrivez.*

Cela va vous permettre, *primo,* de poser des questions « intelligentes » à votre graphologue (et aux anciens directeurs de votre candidat), notamment pour confirmer vos corrélats si vous ne les avez pas creusés jusqu'au bout (« Je l'ai senti... et je crains qu'il ne... ») ou pour recevoir un éclairage complémentaire, plutôt que de lui demander platement ce qu'il en pense ! Car parmi mille idées que la graphologie peut faire surgir, qui saura jamais celles qui sont majeures et utiles pour votre objectif ?

Mais, et c'est mon *secundo,* c'est là votre seule discipline de progrès ; tant que vous attendez l'avis de qui que ce soit d'autre avant d'oser mettre par écrit vos pensées, votre crainte de vous tromper (ou de ne rien savoir) et votre paresse naturelle se conjuguent pour laisser votre jugement sous-développé.

Comment la rédiger ?

Mettez-vous d'abord dans la peau de son futur chef, si ce n'est pas vous, oubliez qui vous êtes, imbibez-vous de ses besoins et de ses références ; cet effort de concentration est indispensable, sinon votre texte n'aura aucune valeur. Alors que si vous vous posez les questions que doit se poser son chef, c'est bien à elles que vous allez répondre.

Surtout ne vous attachez pas à un plan préétabli (du genre : 1) sa biographie ; 2) sa personnalité) ; ne recopiez pas son curriculum vitae, ça ne sert à rien puisqu'il existe d'autre part.

Le seul plan logique pour l'objectif fixé est :

1 – Les raisons qui me font pronostiquer la réussite du candidat dans ce poste ;

2 – Ses risques d'échec ;

3 – Ce qu'il faut faire pour profiter au mieux des raisons 1 et maîtriser les risques 2.

ɪʳ Les éditions d'organisation

Extrayez alors des épisodes (professionnels ou non) qui ont été traités durant l'entretien et qui illustrent les réponses aux questions que son responsable se pose.

Si par exemple, il est préoccupé par la reprise en main d'une équipe dirigée longtemps de façon trop laxiste, vous devez éclairer votre personnage par les manifestations de son style de commandement, et tout le monde se moque ici du déroulement chronologique de sa biographie ; expliquez donc comment chef de patrouille scout, il a ramené ses petits bonshommes perdus dans la nuit lors d'une grande randonnée ; comment il s'y est pris tant pour adopter une ligne de conduite que pour encourager les plus désespérés... ; ou bien comment l'an passé, lors de l'incendie du dépôt, il a pris la tête des opérations...

Et si, d'autre part, il faut introduire dans ce service une rigueur d'organisation et de gestion qui n'a jamais encore existé, montrez comment votre candidat analyse les problèmes qui lui sont posés, comment il prévoit, illustrez le côté concret des solutions qu'il imagine et met en application.

Vous n'avez pas à faire un panégyrique, mais à aider quelqu'un (qui peut être vous-même) à décider ; n'escamotez donc pas ce qui vous paraît un point faible ; au contraire, attirez l'attention pour aussitôt conseiller les mesures à prendre. Dites par exemple : « S'il exige de son directeur une importante délégation, il n'agit pas de même envers ses subordonnés ; ne le laissez pas tourner au despote, ayez toujours un accès direct au moral des troupes qu'il dirige. »

Une remarque sur votre style

Vous rédigez à l'intention d'un cadre supérieur, d'un dirigeant, de responsables qui croulent sous les rapports aussi ennuyeux et mal écrits les uns que les autres. Votre message passera d'autant mieux qu'il sera agréable à lire, vivant, intéressant. Soignez donc votre style.

Commencez par une phrase qui campe le personnage ; je vous avais recommandé naguère de bien mémoriser votre première impression en accueillant le visiteur ; elle va vous être encore ici utile.

« Il fait plus comptable que nature. »

« Géant débonnaire empêtré de son trop grand corps... »

« Costume trois-pièces, attaché-case de chez Hermès... »

Ne craignez pas de faire trop « littéraire » ; ce n'est qu'une phrase, elle donne le ton : vous allez être vivant, concret, imagé.

N'écrivez pas au passé composé ni à l'imparfait ; tenez-vous au présent (nous savons que c'est le temps de l'action !) même pour relater un événement ancien ; cela donne de la vie à vos notes... et vous évite de tomber dans les pièges de la concordance des temps que vous risquez de traiter maladroitement !

Utilisez des verbes, puisque vous savez qu'ils sont plus efficaces que les noms et parce que vous décrivez un *comportement* (dynamique). N'écrivez pas « il est rapide », écrivez « il court » ; n'écrivez surtout pas « c'est un homme qui est rapide », cela s'appelle « tirer à la ligne » chez les journalistes payés à la longueur de l'article ! « Il conduit ses hommes d'une main ferme » parle plus que « Il est autoritaire », car les verbes « être » et « avoir » ne sont jamais des verbes d'action.

Cette note n'est pas longue : une page suffit si elle est dense et concrète.

Ne craignez pas la page blanche, elle n'est pas votre ennemie ; mettez-vous à la place de votre lecteur, pour lui être utile ; écrivez des phrases simples (sujet-verbe significatif-complément) pour être clair et vivant.

Et relisez-vous bien avant de transmettre !

Un « truc » pour terminer : invitez votre secrétaire à vous donner son sentiment sur vos papiers ; si elle n'a pas compris, si elle s'est ennuyée, si elle ne peut pas vous le résumer, ce n'est pas qu'elle est sotte : c'est que vous avez mal écrit !

Même si vous opérez pour vous-même (par exemple parce que vous êtes patron d'une PME), vous relirez avec profit, dans un an ou dans trois ce document propre et bien rédigé, quand vous en aurez besoin ; par exemple, quand vous aurez commis une maladresse à l'égard de ce collaborateur jusqu'ici efficace...

ʸ Les éditions d'organisation

CONCLUSION

Nous voici arrivés à la fin de ce livre, ce qui ne signifie pas que nous sommes au terme de nos tourments !

Le contenu théorique de tout cela, si vous le comparez à une science mûre comme la thermodynamique ou l'électronique, est terriblement mince ; ce n'est donc pas, à proprement parler, une science, mais plutôt un art, en ce sens que la pratique (et la personnalité) individuelle l'emporte sur la doctrine de base : il n'y a pas dix mille façons de poser ses doigts sur les touches d'un piano, et pourtant il n'y a pas non plus deux pianistes dont on puisse confondre le jeu ! Le présent texte n'a donc pas beaucoup plus de valeur qu'une méthode de piano : il est indispensable, mais ce n'est pas lui qui fait l'artiste !

Pour devenir « bon » dans « l'art de recruter », comme dans n'importe quel autre art, il faut réunir les conditions suivantes :

a) en avoir le goût prononcé : celui qui n'est pas mû par la profonde curiosité d'autrui aura du mal à bien recruter ;

b) avoir un « don » initial, critère qui va généralement de pair avec le précédent ; c'est la sensibilité, l'intuition, qu'il faudra ensuite rationaliser et argumenter ;

c) pratiquer avec régularité, puisque le doué qui ne travaille pas reste médiocre (mais le stakhanoviste non doué reste plat !) ;

d) se confronter aux autres, échanger ses idées... et ses critiques ; vérifier régulièrement, auprès des opérationnels le bien-fondé de ses pronostics, analyser ses erreurs ou ses imprécisions ; et se corriger ;

e) s'appliquer sans innover tant que l'on n'a pas atteint une maîtrise convenable ; tenter d'innover alors pour un meilleur résultat, avec humilité et esprit critique ;

f) faire profiter les autres du progrès que l'on a fait accomplir à l'état de l'art.

Tout cela représente une longue patience et beaucoup de travail ; mais si vous saviez le plaisir qu'on en retire...

Mais vous le savez déjà, sinon comment admettre que vous ayez décidé de lire tout cela et d'arriver jusqu'à ces lignes ! Vous appartenez donc déjà à notre confrérie, et je peux vous confier un secret : je sais pourquoi notre art est en progrès, c'est grâce à Blaise Pascal, qui s'était déjà rendu fameux par l'invention des fiacres, des machines à calculer et autres choses bien utiles comme la pression atmosphérique.

Or, que nous enseigne Blaise Pascal (entre autres) ? Que notre réflexion doit faire la part à l'*esprit de géométrie* comme à l'*esprit de finesse* !

ʸ Les éditions d'organisation

La pratique de s'entretenir avec un possible partenaire avant de conclure un contrat est bien sûr aussi vieille que le monde ; par la conversation se forge une intime conviction qui s'exprime par des conclusions du genre « Je lui fais confiance » ou « Je ne le sens pas ». Le verbe « sentir » porte ici toute sa signification : la conclusion a été amenée par une « sensation » ou un « sentiment », en tout cas pas par la réflexion. Appelez ça « intuition » si vous voulez, nous sommes aux antipodes de l'esprit de géométrie.

Qui prétendra que l'intuition est toujours bonne ou toujours mauvaise ? Certes, il y a des gens plus ou moins doués, mais le problème reste entier : on ne peut dire à l'avance si elle marche bien ou si elle va rater.

Il est donc bien naturel que l'on ait voulu *rationaliser,* et j'ai connu l'époque des grands tableaux comparatifs de candidats, avec des notes attribuées à chacun pour sa sociabilité grégaire, son intelligence analytique, son expérience de la métallurgie, sa pratique de l'entretien des machines de production et ses connaissances en anglais ; nous dûmes même, comme les correcteurs du baccalauréat, introduire des barèmes de coefficients pour espérer classer nos candidats.

Hélas, que ces classements restaient abstraits et que leurs conclusions nous semblaient incohérentes avec ce que l'intuition présupposait ! L'esprit de géométrie poussé à l'extrême conduit à l'absurde, les hommes refusant obstinément de se laisser mettre en équations...

Si l'excès d'intuition comme l'excès de rationalisation échouent, c'est parce que nous avons péché contre la recommandation de Pascal. Et vous voyez que dès que nous en tenons compte, c'est-à-dire quand notre intuition, aiguisée par l'attention de nos observations, nous fournit des hypothèses que notre raison critique et travaille, nous arrivons à des résultats nettement meilleurs.

Un dernier conseil pour finir : seuls les problèmes d'arithmétique de l'école primaire ont une solution et une seule, les problèmes de la vie et de l'humain sont beaucoup plus compliqués ; ne vous laissez pas impressionner par le langage de l'opérationnel qui a des idées trop arrêtées sur l'homme qu'il nous charge de lui trouver : les qualités qu'il attend sont si nombreuses et si contradictoires qu'elles ne peuvent coexister que chez un monstre ! Allez donc à la découverte de ses objectifs et présentez-lui des hommes capables de les atteindre, selon la conviction que vous vous êtes forgée, *avec vos arguments écrits.*

Il n'est pas d'homme « bon » ou « mauvais » dans l'absolu, nous ne faisons pas la morale : il n'est que des individus plus ou moins bien armés pour réussir dans un contexte donné ; et les mieux armés ne sont certainement pas des monstres, mais au contraire des hommes équilibrés, c'est-à-dire qui ont autant de qualités que de défauts.

A vous de les découvrir !

Composé par P.C.A. - Bouguenais (L.-A.)
Achevé d'imprimer - sur les presses de : JOUVE Paris
N° d'imprimeur :   251121Z   N° d'éditeur : 1887 - Dépôt légal : octobre 1997
Imprimé en France